MEINE

Wein

TASTING NOTES

____

____

____

____

Impressum

WEIN TASTING NOTES
MARTIN-LUTHER-STRASSE 113
10825 BERLIN

Inhalt

Meine Tasting Notes

TASTING TIPPS

Reihenfolge

Wenn du einige Weine bei einer einzelnen
Gelegenheit verkosten möchtest ist es wichtig, dass
du Weiß- vor Rotweinen, leichte vor schweren und
trockene vor süßen Weinen probierst. So kannst
du sicher sein, dass deine Geschmacksknospen nicht
zu Beginn mit Restzucker und Tanninen
schon belegt sind.

Geruch

Schwenke den Wein vorsichtig in deinem Glas,
so bekommst du am meisten Aroma in die Nase.
Versuche jetzt Assoziationen mit dem gerochenen zu
finden. Aktiviere dein Erinnerungsvermögen. Woran
erinnert dich der Geruch?

Aussehen

Unsere Augen helfen uns das gerochene
einzuordnen. Versuche zu identifizieren welchen
Rot-, Weiß- oder Rosé-Ton der Wein hat.
Eher golden, bräunlich, bläulich oder doch grün?

Geschmack

Etwas Sauerstoff beim trinken einzuatmen hilft dem
Wein dabei, seinen Geschmack zu entwickeln. (Keine Angst vor Schlürfgeräuschen!) Behalte den Wein
einen Moment lang im Mund und bewege die
Flüssigkeit etwas. Wie ist das Mundgefühl?
Wie verändert sich der Geschmack zu Beginn
und im Abgang?

Katalogisieren

Jeder neue probierte Wein erweitert deinen
Horizont. Deshalb ist es so wichtig, für dich selbst
festzuhalten was sie unterscheidet und was du
schmeckst. Dabei wird dir dieses Buch helfen.
Erweitere deine Geschmacks-Palette, indem du auch
mal ungewöhnliche Lebensmittel, wie Orangenschale, Grünkohl oder Apfelkerne probierst.
So wirst du dich bei Verkostungen besser
artikulieren können.

SEITE	WEINGUT	HERKUNFT	REBSORTE

SEITE	WEINGUT	HERKUNFT	REBSORTE

WEINGUT

WEIN

%

JAHR   ALKOHOL

HERKUNFT

REBSORTE

PREIS

DATUM

BLASS

GOLD

ROSÉ

Farbe

BLÄULICH

BRAUN

KÖRPER

TANNINE

SÄURE

SÜSSE

Geschmack

Rating

/ 20

ASSOZIATIONEN

ABGANG

NOTIZEN

8

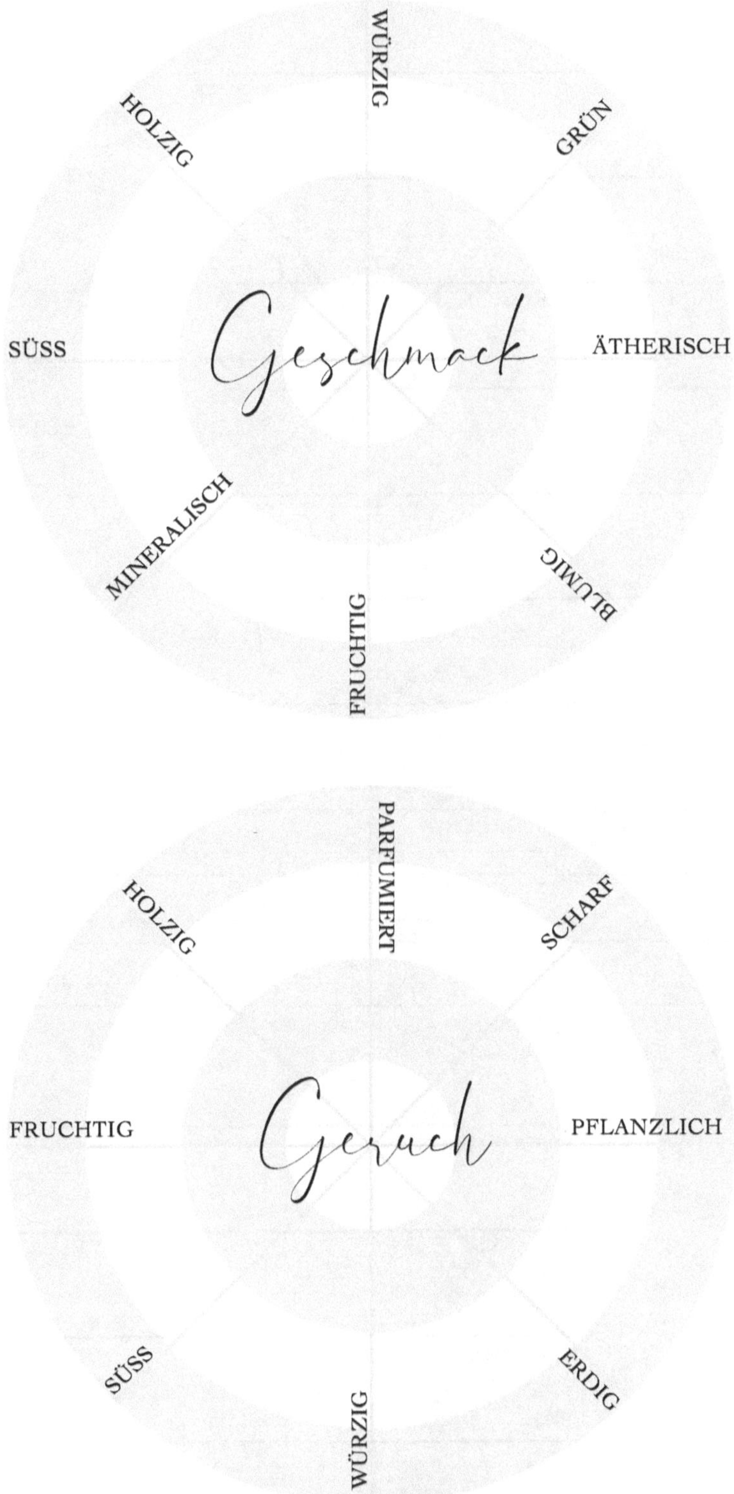

Geschmack
WÜRZIG
GRÜN
ÄTHERISCH
BLUMIG
FRUCHTIG
MINERALISCH
SÜSS
HOLZIG

Geruch
PARFÜMIERT
SCHARF
PFLANZLICH
ERDIG
WÜRZIG
SÜSS
FRUCHTIG
HOLZIG

WEINGUT

WEIN

JAHR   ALKOHOL

HERKUNFT

REBSORTE

PREIS

DATUM

BLASS

GOLD

ROSÉ

BLÄULICH

BRAUN

KÖRPER

TANNINE

SÄURE

SÜSSE

/ 20

ASSOZIATIONEN

ABGANG

NOTIZEN

10

Geschmack

Geruch

WEINGUT

WEIN

JAHR   ALKOHOL   %

HERKUNFT

REBSORTE

PREIS

DATUM

BLASS

GOLD

ROSÉ

BLÄULICH

BRAUN

Farbe

KÖRPER

TANNINE

SÄURE

SÜSSE

Geschmack

Rating

/ 20

ASSOZIATIONEN

ABGANG

NOTIZEN

12

Geschmack
WÜRZIG
GRÜN
ÄTHERISCH
BLUMIG
FRUCHTIG
MINERALISCH
SÜSS
HOLZIG

Geruch
PARFÜMIERT
SCHARF
PFLANZLICH
ERDIG
WÜRZIG
SÜSS
FRUCHTIG
HOLZIG

WEINGUT

WEIN

JAHR   ALKOHOL   %

HERKUNFT

REBSORTE

PREIS

DATUM

BLASS

GOLD

ROSÉ

BLÄULICH

BRAUN

KÖRPER

TANNINE

SÄURE

SÜSSE

Rating

/ 20

ASSOZIATIONEN

ABGANG

NOTIZEN

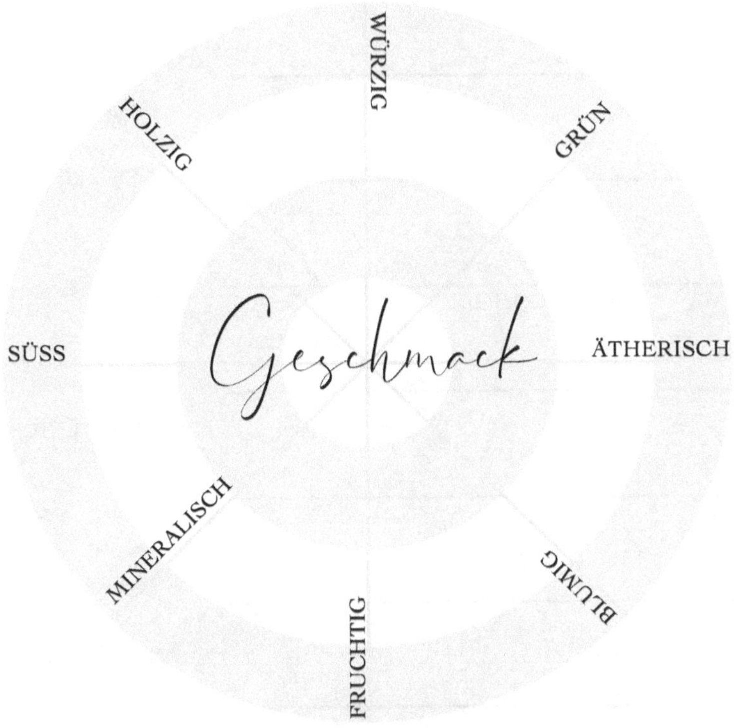

Geschmack
WÜRZIG
GRÜN
HOLZIG
ÄTHERISCH
SÜSS
MINERALISCH
BLUMIG
FRUCHTIG

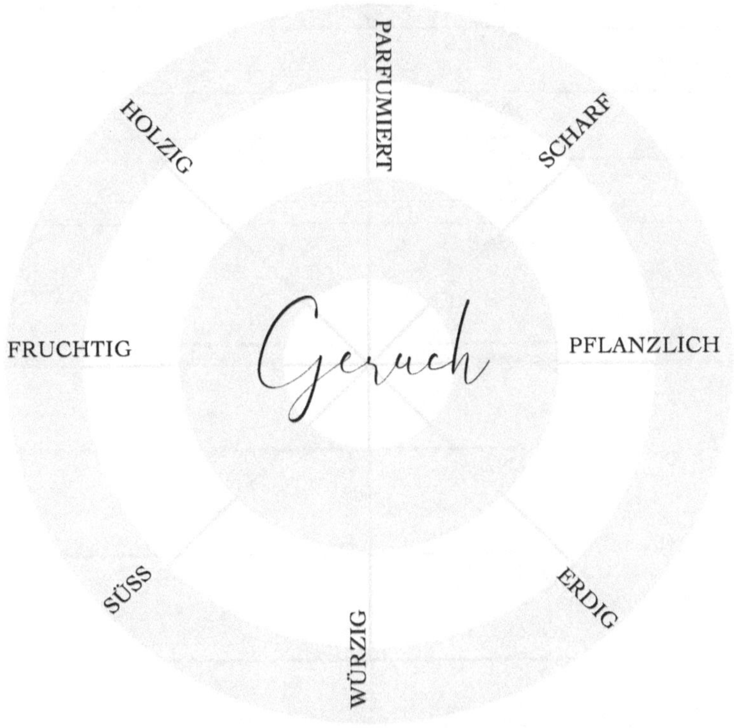

Geruch
PARFÜMIERT
SCHARF
HOLZIG
FRUCHTIG
PFLANZLICH
SÜSS
ERDIG
WÜRZIG

WEINGUT

WEIN

JAHR   ALKOHOL   %

HERKUNFT

REBSORTE

PREIS

DATUM

BLASS

GOLD

ROSÉ

BLÄULICH

BRAUN

KÖRPER

TANNINE

SÄURE

SÜSSE

Rating

/ 20

ASSOZIATIONEN

ABGANG

NOTIZEN

16

Geschmack

WÜRZIG
GRÜN
HOLZIG
ÄTHERISCH
SÜSS
MINERALISCH
BLUMIG
FRUCHTIG

Geruch

PARFUMIERT
SCHARF
HOLZIG
PFLANZLICH
FRUCHTIG
SÜSS
WÜRZIG
ERDIG

WEINGUT

WEIN

JAHR   ALKOHOL   %

HERKUNFT

REBSORTE

PREIS

DATUM

BLASS

GOLD

ROSÉ

BLÄULICH

BRAUN

Farbe

KÖRPER

TANNINE

SÄURE

SÜSSE

Geschmack

Rating

/ 20

ASSOZIATIONEN

ABGANG

NOTIZEN

18

Geschmack

WÜRZIG
GRÜN
ÄTHERISCH
BLUMIG
FRUCHTIG
MINERALISCH
SÜSS
HOLZIG

Geruch

PARFÜMIERT
SCHARF
PFLANZLICH
ERDIG
WÜRZIG
SÜSS
FRUCHTIG
HOLZIG

WEINGUT

WEIN

%

JAHR   ALKOHOL

HERKUNFT

REBSORTE

PREIS

DATUM

BLASS

GOLD

ROSÉ

BLÄULICH

BRAUN

Farbe

KÖRPER

TANNINE

SÄURE

SÜSSE

Geschmack

Rating

/ 20

ASSOZIATIONEN

ABGANG

NOTIZEN

20

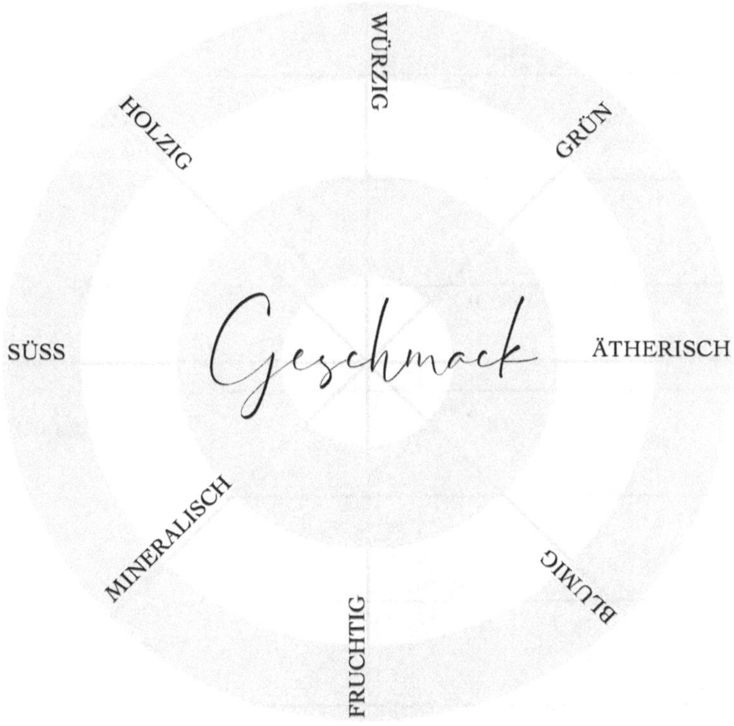

WÜRZIG
GRÜN
HOLZIG
ÄTHERISCH
SÜSS
Geschmack
BLUMIG
MINERALISCH
FRUCHTIG

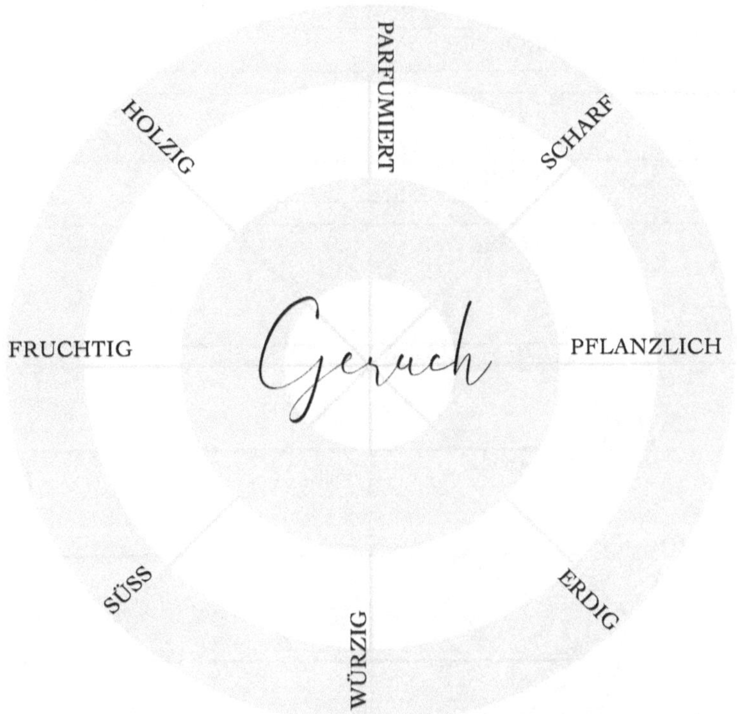

PARFÜMIERT
SCHARF
HOLZIG
PFLANZLICH
FRUCHTIG
Geruch
ERDIG
SÜSS
WÜRZIG

WEINGUT

WEIN

%

JAHR   ALKOHOL

HERKUNFT

REBSORTE

PREIS

DATUM

BLASS

GOLD

ROSÉ

BLÄULICH

BRAUN

KÖRPER

TANNINE

SÄURE

SÜSSE

/ 20

ASSOZIATIONEN

ABGANG

NOTIZEN

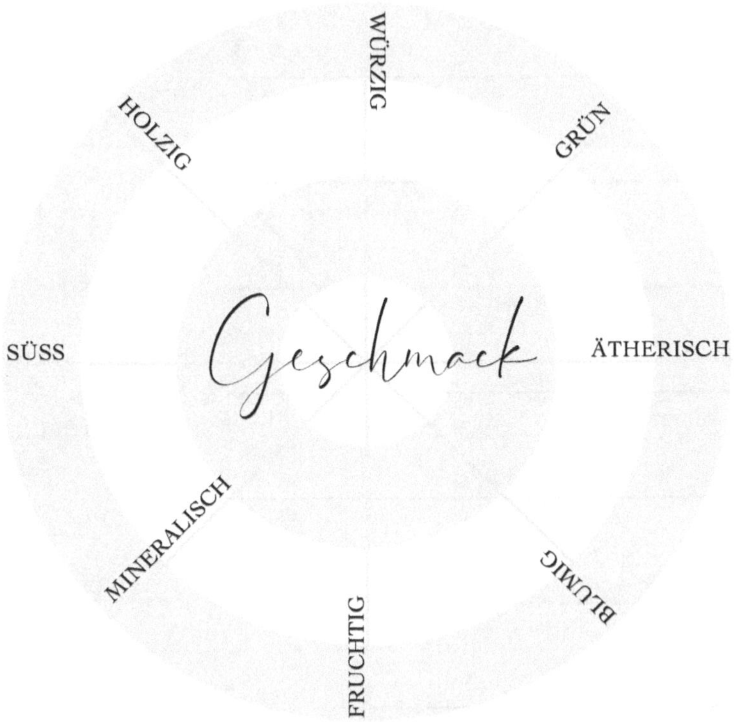

Geschmack
WÜRZIG
GRÜN
HOLZIG
ÄTHERISCH
SÜSS
MINERALISCH
BLUMIG
FRUCHTIG

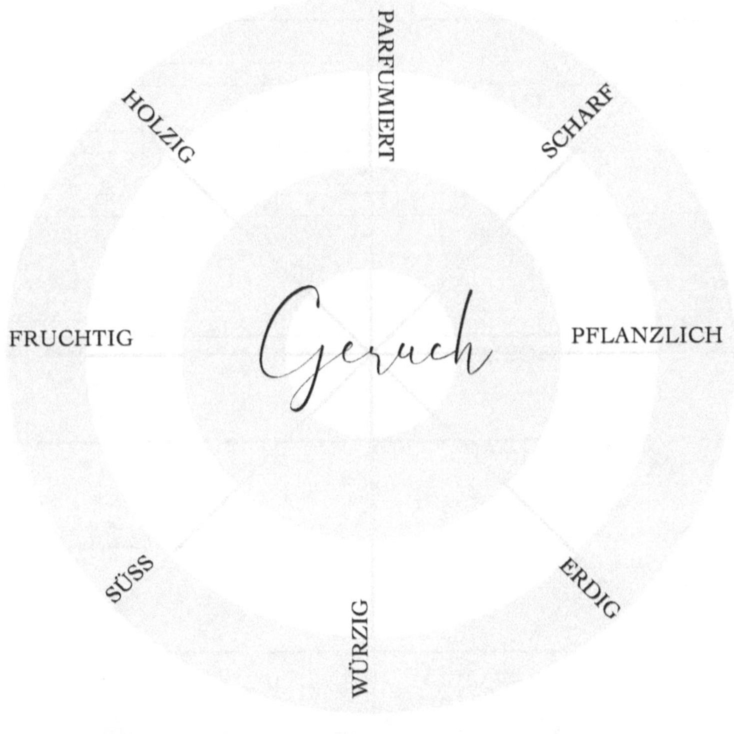

Geruch
PARFUMIERT
SCHARF
HOLZIG
FRUCHTIG
PFLANZLICH
SÜSS
WÜRZIG
ERDIG

WEINGUT

WEIN

JAHR   ALKOHOL   %

HERKUNFT

REBSORTE

PREIS

DATUM

BLASS

GOLD

ROSÉ

BLÄULICH

BRAUN

Farbe

KÖRPER

TANNINE

SÄURE

SÜSSE

Geschmack

Rating

/ 20

ASSOZIATIONEN

ABGANG

NOTIZEN

24

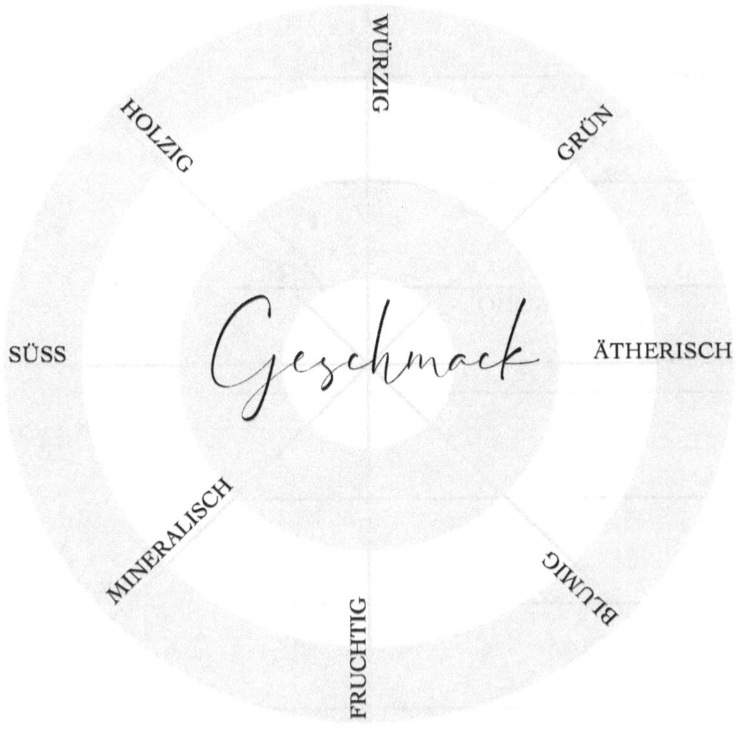

WÜRZIG
HOLZIG
GRÜN
SÜSS
Geschmack
ÄTHERISCH
MINERALISCH
BLUMIG
FRUCHTIG

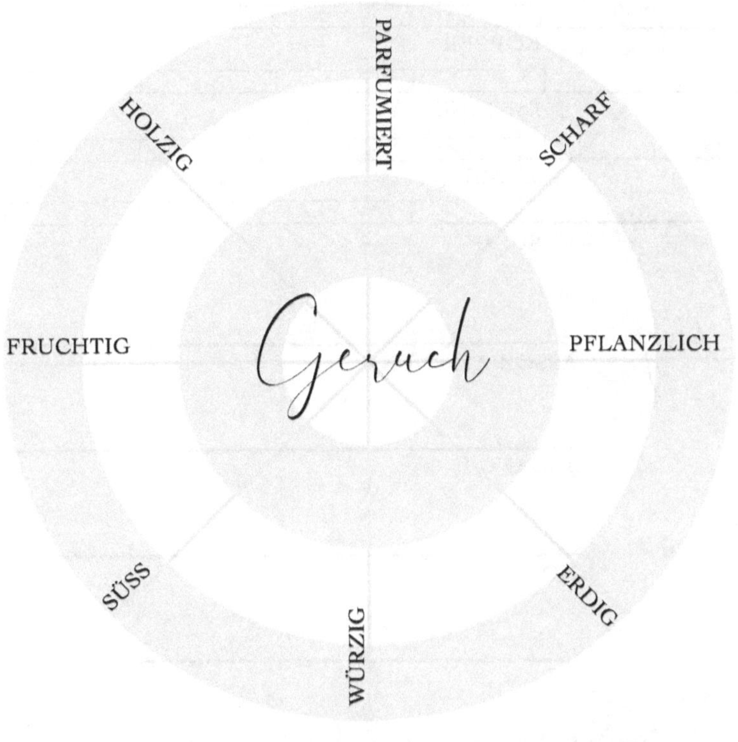

PARFÜMIERT
HOLZIG
SCHARF
FRUCHTIG
Geruch
PFLANZLICH
SÜSS
ERDIG
WÜRZIG

WEINGUT

WEIN

JAHR   ALKOHOL   %

HERKUNFT

REBSORTE

PREIS

DATUM

BLASS

GOLD

ROSÉ

BLÄULICH

BRAUN

KÖRPER

TANNINE

SÄURE

SÜSSE

/ 20

ASSOZIATIONEN

ABGANG

NOTIZEN

26

Geschmack
WÜRZIG
GRÜN
ÄTHERISCH
BLUMIG
FRUCHTIG
MINERALISCH
SÜSS
HOLZIG

Geruch
PARFÜMIERT
SCHARF
PFLANZLICH
ERDIG
WÜRZIG
SÜSS
FRUCHTIG
HOLZIG

WEINGUT

WEIN

JAHR   ALKOHOL   %

HERKUNFT

REBSORTE

PREIS

DATUM

BLASS

GOLD

ROSÉ

BLÄULICH

BRAUN

KÖRPER			

TANNINE			

SÄURE			

SÜSSE			

/ 20

ASSOZIATIONEN

ABGANG

NOTIZEN

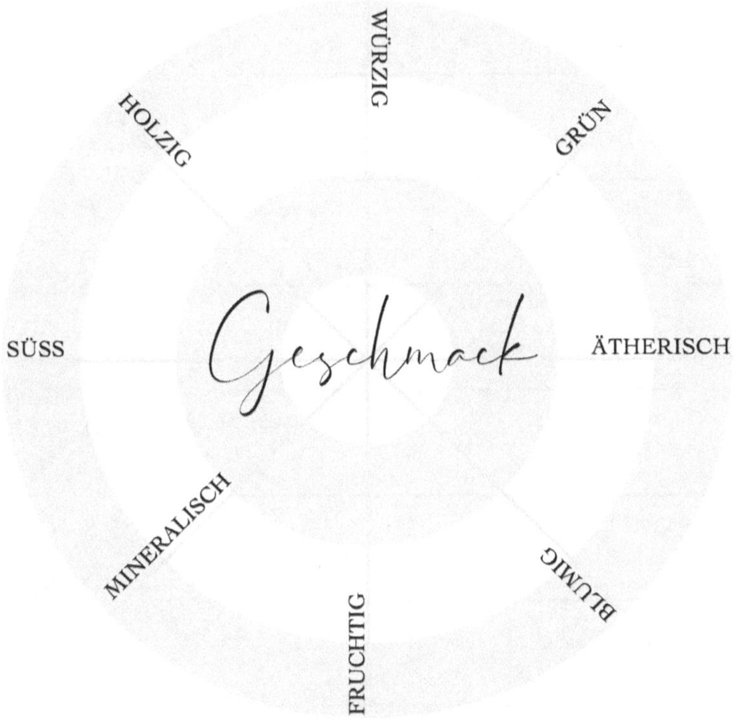

WÜRZIG
GRÜN
HOLZIG
ÄTHERISCH
SÜSS
Geschmack
MINERALISCH
BLUMIG
FRUCHTIG

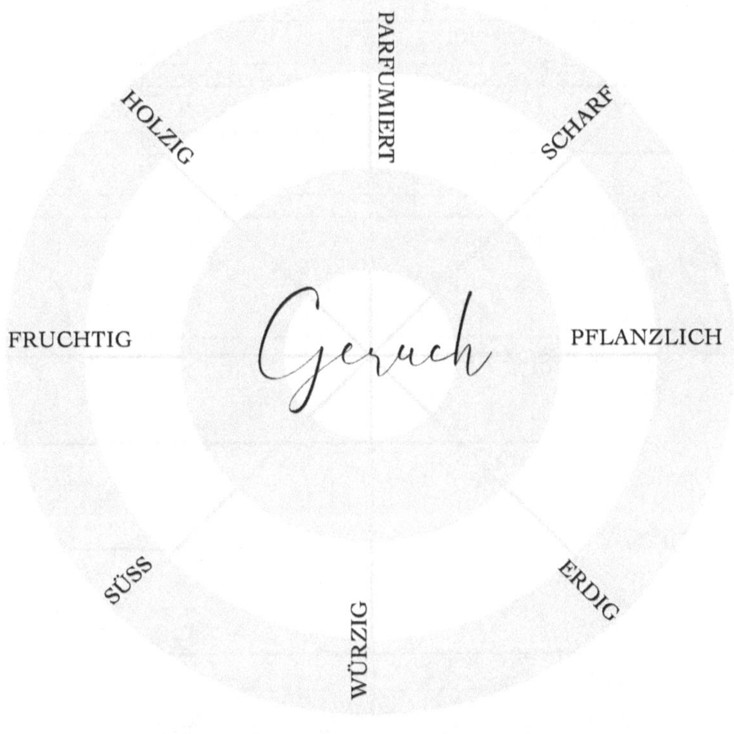

PARFUMIERT
SCHARF
HOLZIG
PFLANZLICH
FRUCHTIG
Geruch
SÜSS
ERDIG
WÜRZIG

WEINGUT

WEIN

JAHR   ALKOHOL   %

HERKUNFT

REBSORTE

PREIS

DATUM

KÖRPER

TANNINE

SÄURE

SÜSSE

/ 20

ASSOZIATIONEN

ABGANG

NOTIZEN

Geschmack
WÜRZIG
GRÜN
ÄTHERISCH
BLUMIG
FRUCHTIG
MINERALISCH
SÜSS
HOLZIG

Geruch
PARFÜMIERT
SCHARF
PFLANZLICH
ERDIG
WÜRZIG
SÜSS
FRUCHTIG
HOLZIG

WEINGUT

WEIN

JAHR   ALKOHOL   %

HERKUNFT

REBSORTE

PREIS

DATUM

BLASS

GOLD

ROSÉ

BLÄULICH

BRAUN

Farbe

KÖRPER

TANNINE

SÄURE

SÜSSE

Geschmack

Rating

/ 20

ASSOZIATIONEN

ABGANG

NOTIZEN

HOLZIG

WÜRZIG

GRÜN

SÜSS

Geschmack

ÄTHERISCH

MINERALISCH

BLUMIG

FRUCHTIG

HOLZIG

PARFÜMIERT

SCHARF

FRUCHTIG

Geruch

PFLANZLICH

SÜSS

WÜRZIG

ERDIG

WEINGUT

WEIN

%

JAHR   ALKOHOL

HERKUNFT

REBSORTE

PREIS

DATUM

BLASS

GOLD

ROSÉ

BLÄULICH

BRAUN

KÖRPER

TANNINE

SÄURE

SÜSSE

/ 20

ASSOZIATIONEN

ABGANG

NOTIZEN

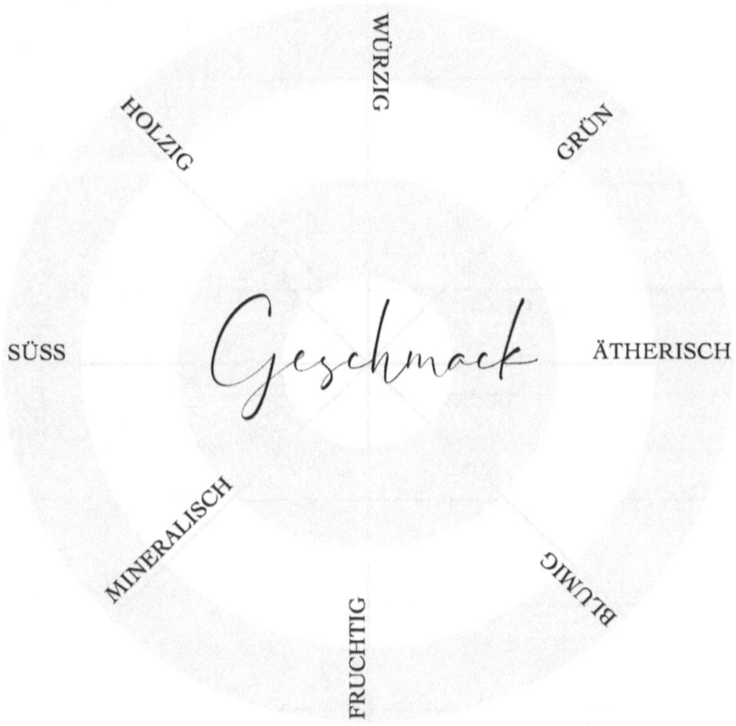

Geschmack

WÜRZIG

GRÜN

HOLZIG

ÄTHERISCH

SÜSS

BLUMIG

MINERALISCH

FRUCHTIG

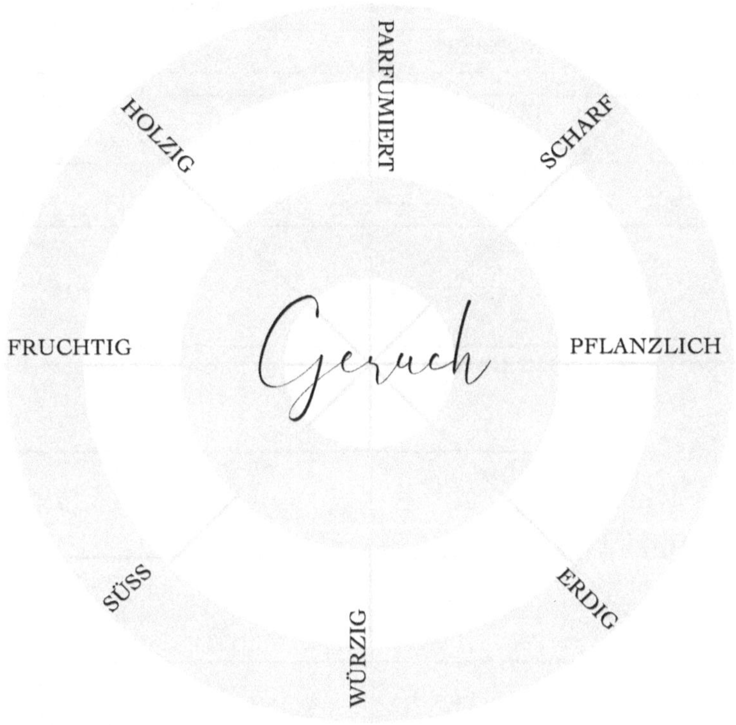

Geruch

PARFÜMIERT

SCHARF

HOLZIG

PFLANZLICH

FRUCHTIG

ERDIG

SÜSS

WÜRZIG

WEINGUT

WEIN

%

JAHR   ALKOHOL

HERKUNFT

REBSORTE

PREIS

DATUM

BLASS

GOLD

ROSÉ

BLÄULICH

BRAUN

KÖRPER

TANNINE

SÄURE

SÜSSE

Rating

/ 20

ASSOZIATIONEN

ABGANG

NOTIZEN

Geschmack

WÜRZIG

GRÜN

ÄTHERISCH

BLUMIG

FRUCHTIG

MINERALISCH

SÜSS

HOLZIG

Geruch

PARFÜMIERT

SCHARF

PFLANZLICH

ERDIG

WÜRZIG

SÜSS

FRUCHTIG

HOLZIG

WEINGUT

WEIN

JAHR   ALKOHOL   %

HERKUNFT

REBSORTE

PREIS

DATUM

BLASS

GOLD

ROSÉ

BLÄULICH

BRAUN

KÖRPER

TANNINE

SÄURE

SÜSSE

/ 20

ASSOZIATIONEN

ABGANG

NOTIZEN

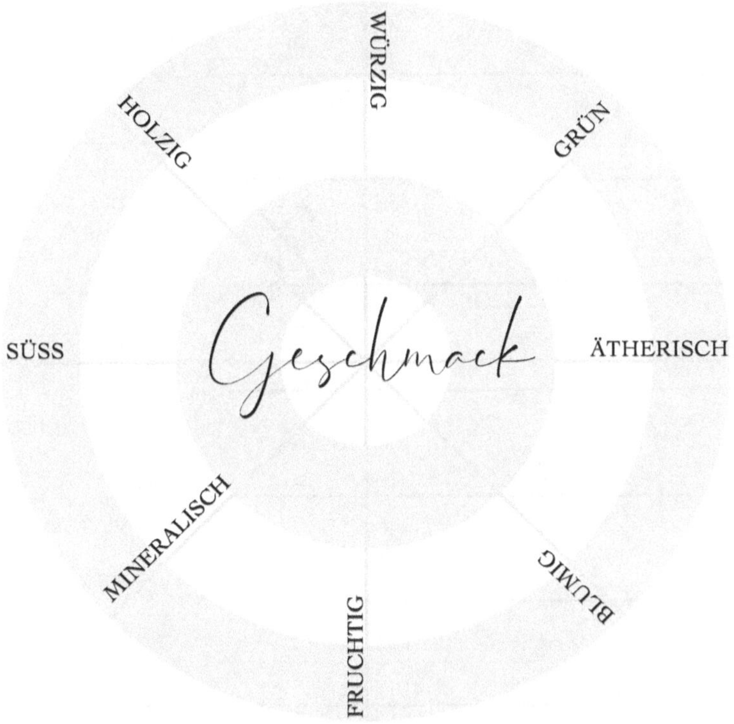

Geschmack
WÜRZIG
HOLZIG
GRÜN
SÜSS
ÄTHERISCH
MINERALISCH
BLUMIG
FRUCHTIG

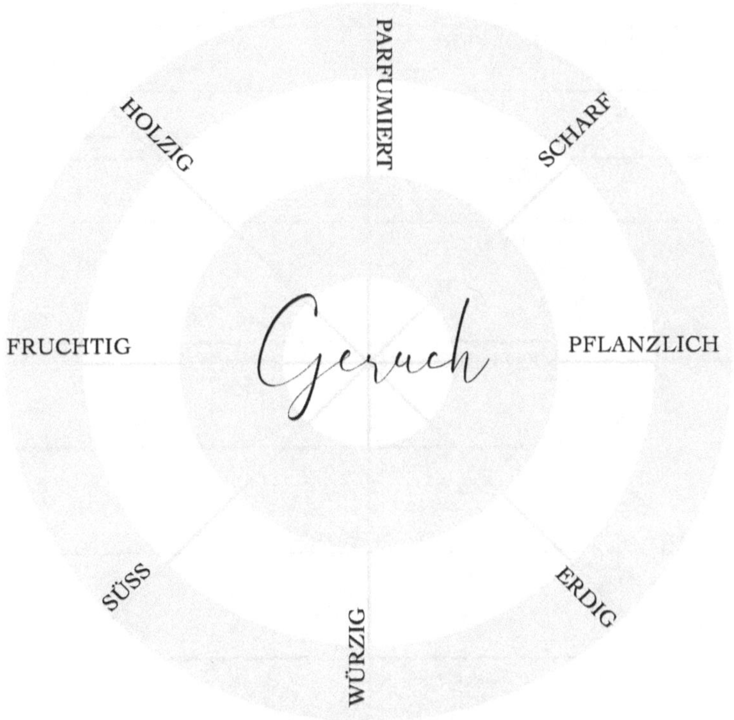

Geruch
PARFÜMIERT
HOLZIG
SCHARF
FRUCHTIG
PFLANZLICH
SÜSS
WÜRZIG
ERDIG

WEINGUT

WEIN

JAHR   ALKOHOL   %

HERKUNFT

REBSORTE

PREIS

DATUM

BLASS

GOLD

ROSÉ

BLÄULICH

BRAUN

KÖRPER

TANNINE

SÄURE

SÜSSE

Rating

/ 20

ASSOZIATIONEN

ABGANG

NOTIZEN

40

Geschmack
WÜRZIG
GRÜN
HOLZIG
ÄTHERISCH
SÜSS
BLUMIG
MINERALISCH
FRUCHTIG

Geruch
PARFÜMIERT
SCHARF
HOLZIG
PFLANZLICH
FRUCHTIG
ERDIG
SÜSS
WÜRZIG

WEINGUT

WEIN

%

JAHR   ALKOHOL

HERKUNFT

REBSORTE

PREIS

DATUM

KÖRPER

TANNINE

SÄURE

SÜSSE

Rating

/ 20

ASSOZIATIONEN

ABGANG

NOTIZEN

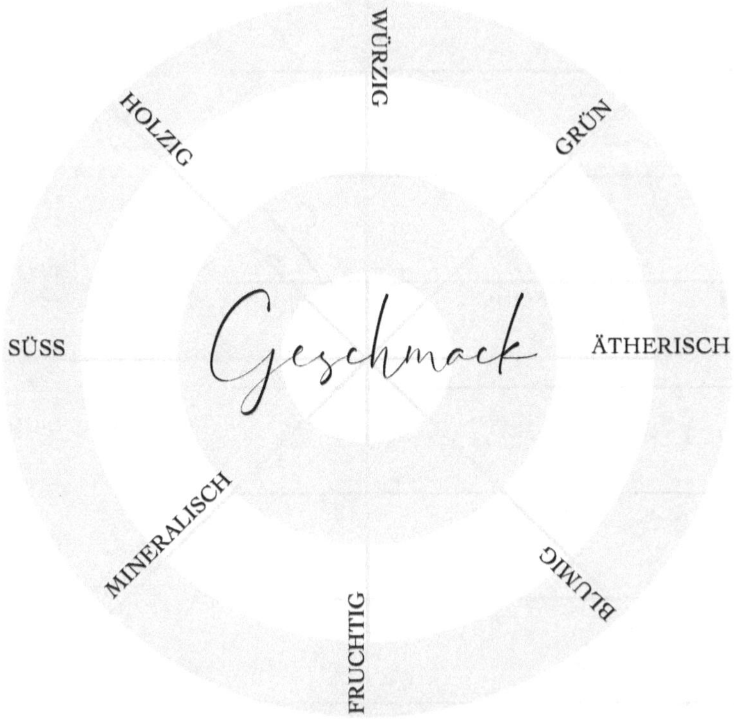

Geschmack

WÜRZIG

HOLZIG

GRÜN

SÜSS

ÄTHERISCH

MINERALISCH

BLUMIG

FRUCHTIG

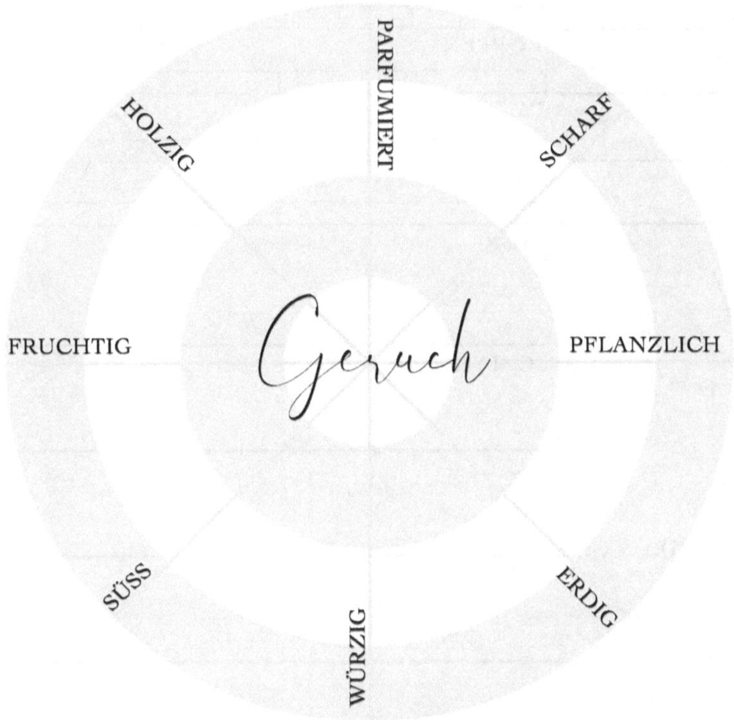

Geruch

PARFÜMIERT

HOLZIG

SCHARF

FRUCHTIG

PFLANZLICH

SÜSS

WÜRZIG

ERDIG

WEINGUT

WEIN

JAHR   ALKOHOL   %

HERKUNFT

REBSORTE

PREIS

DATUM

BLASS

GOLD

ROSÉ

BLÄULICH

BRAUN

KÖRPER

TANNINE

SÄURE

SÜSSE

/ 20

ASSOZIATIONEN

ABGANG

NOTIZEN

WÜRZIG
GRÜN
HOLZIG
SÜSS
Geschmack
ÄTHERISCH
MINERALISCH
BLUMIG
FRUCHTIG
PARFÜMIERT
HOLZIG
SCHARF
FRUCHTIG
Geruch
PFLANZLICH
SÜSS
ERDIG
WÜRZIG

WEINGUT

WEIN

JAHR   ALKOHOL   %

HERKUNFT

REBSORTE

PREIS

DATUM

BLASS

GOLD

ROSÉ

BLÄULICH

BRAUN

Farbe

KÖRPER

TANNINE

SÄURE

SÜSSE

Geschmack

Rating

/ 20

ASSOZIATIONEN

ABGANG

NOTIZEN

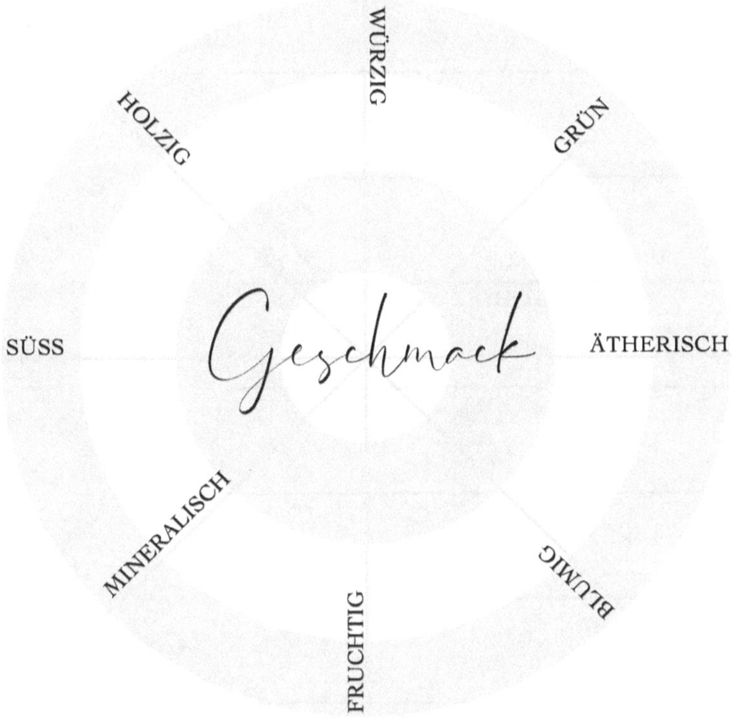

Geschmack
WÜRZIG
HOLZIG
GRÜN
SÜSS
ÄTHERISCH
MINERALISCH
BLUMIG
FRUCHTIG

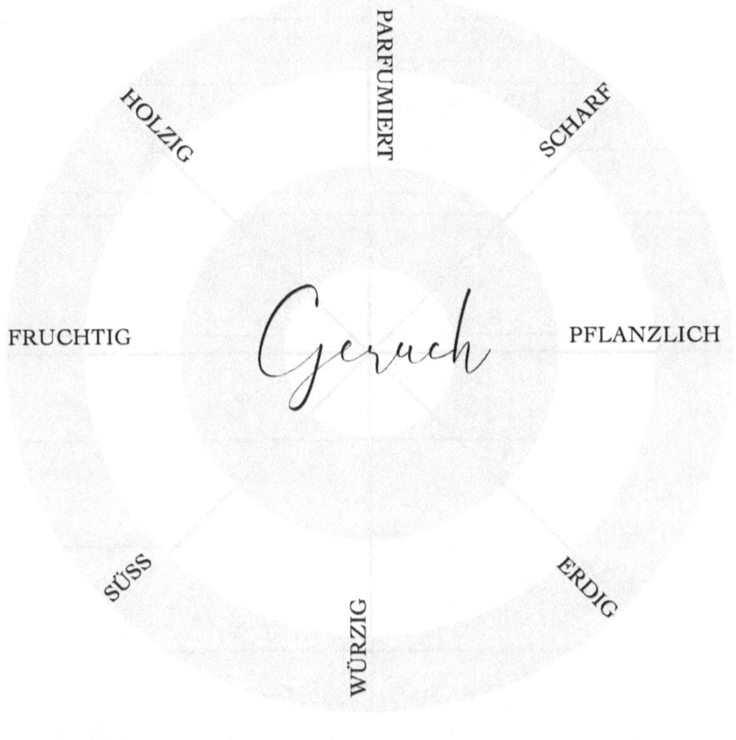

Geruch
PARFÜMIERT
HOLZIG
SCHARF
FRUCHTIG
PFLANZLICH
SÜSS
ERDIG
WÜRZIG

WEINGUT

WEIN

JAHR   ALKOHOL   %

HERKUNFT

REBSORTE

PREIS

DATUM

BLASS

GOLD

ROSÉ

BLÄULICH

BRAUN

KÖRPER

TANNINE

SÄURE

SÜSSE

/ 20

ASSOZIATIONEN

ABGANG

NOTIZEN

Geschmack
WÜRZIG
GRÜN
HOLZIG
ÄTHERISCH
SÜSS
BLUMIG
MINERALISCH
FRUCHTIG

Geruch
PARFÜMIERT
SCHARF
HOLZIG
PFLANZLICH
FRUCHTIG
ERDIG
SÜSS
WÜRZIG

WEINGUT

WEIN

%

JAHR   ALKOHOL

HERKUNFT

REBSORTE

PREIS

DATUM

BLASS

GOLD

ROSÉ

BLÄULICH

BRAUN

Farbe

KÖRPER

TANNINE

SÄURE

SÜSSE

Geschmack

Rating

ASSOZIATIONEN

ABGANG

/ 20

NOTIZEN

50

Geschmack
WÜRZIG
GRÜN
ÄTHERISCH
BLUMIG
FRUCHTIG
MINERALISCH
SÜSS
HOLZIG
Geruch
PARFÜMIERT
SCHARF
PFLANZLICH
ERDIG
WÜRZIG
SÜSS
FRUCHTIG
HOLZIG

WEINGUT

WEIN

JAHR   ALKOHOL

HERKUNFT

REBSORTE

PREIS

DATUM

%

BLASS

GOLD

ROSÉ

BLÄULICH

BRAUN

Farbe

KÖRPER

TANNINE

SÄURE

SÜSSE

Geschmack

Rating

/ 20

ASSOZIATIONEN

ABGANG

NOTIZEN

Geschmack

HOLZIG
WÜRZIG
GRÜN
SÜSS
ÄTHERISCH
MINERALISCH
BLUMIG
FRUCHTIG

Geruch

HOLZIG
PARFÜMIERT
SCHARF
FRUCHTIG
PFLANZLICH
SÜSS
WÜRZIG
ERDIG

WEINGUT

WEIN

%

JAHR   ALKOHOL

HERKUNFT

REBSORTE

PREIS

DATUM

BLASS

GOLD

ROSÉ

BLÄULICH

BRAUN

KÖRPER

TANNINE

SÄURE

SÜSSE

/ 20

ASSOZIATIONEN

ABGANG

NOTIZEN

HOLZIG

WÜRZIG

GRÜN

SÜSS

Geschmack

ÄTHERISCH

MINERALISCH

FRUCHTIG

BLUMIG

HOLZIG

PARFÜMIERT

SCHARF

FRUCHTIG

Geruch

PFLANZLICH

SÜSS

WÜRZIG

ERDIG

WEINGUT

WEIN

JAHR   ALKOHOL

%

HERKUNFT

REBSORTE

PREIS

DATUM

BLASS

GOLD

ROSÉ

BLÄULICH

BRAUN

KÖRPER

TANNINE

SÄURE

SÜSSE

Rating

ASSOZIATIONEN

ABGANG

/ 20

NOTIZEN

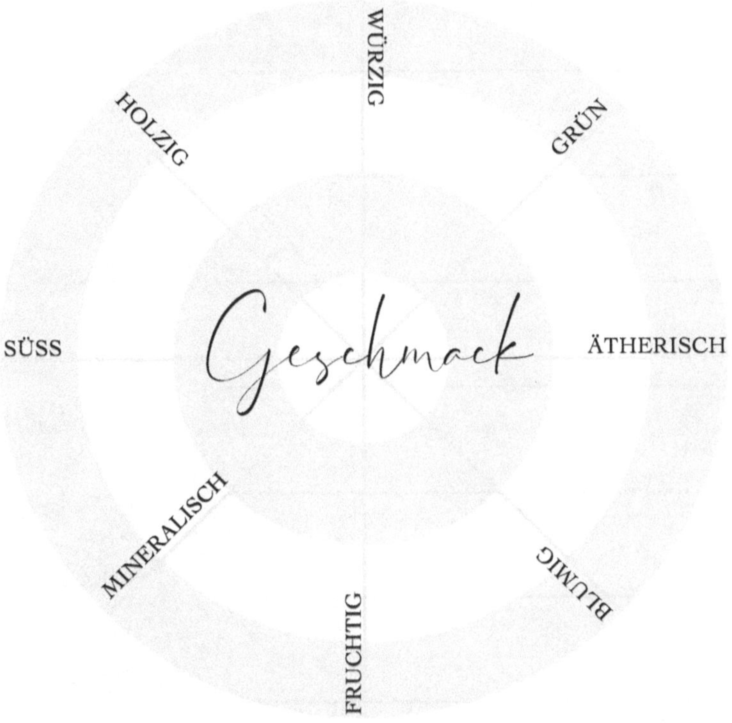

Geschmack
WÜRZIG
GRÜN
HOLZIG
ÄTHERISCH
SÜSS
BLUMIG
MINERALISCH
FRUCHTIG

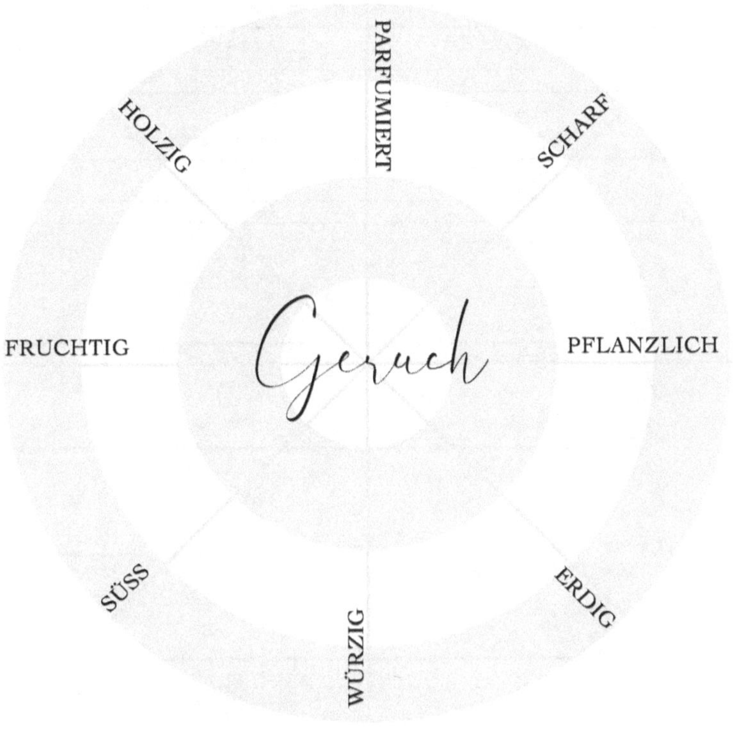

Geruch
PARFÜMIERT
SCHARF
HOLZIG
PFLANZLICH
FRUCHTIG
ERDIG
SÜSS
WÜRZIG

WEINGUT

WEIN

JAHR   ALKOHOL   %

HERKUNFT

REBSORTE

PREIS

DATUM

BLASS

GOLD

ROSÉ

BLÄULICH

BRAUN

Farbe

KÖRPER

TANNINE

SÄURE

SÜSSE

Geschmack

Rating

/ 20

ASSOZIATIONEN

ABGANG

NOTIZEN

Geschmack

WÜRZIG

HOLZIG

GRÜN

SÜSS

ÄTHERISCH

MINERALISCH

BLUMIG

FRUCHTIG

Geruch

PARFÜMIERT

HOLZIG

SCHARF

FRUCHTIG

PFLANZLICH

SÜSS

ERDIG

WÜRZIG

WEINGUT

WEIN

%

JAHR   ALKOHOL

HERKUNFT

REBSORTE

PREIS

DATUM

BLASS

GOLD

ROSÉ

BLÄULICH

BRAUN

KÖRPER

TANNINE

SÄURE

SÜSSE

Rating

/ 20

ASSOZIATIONEN

ABGANG

NOTIZEN

60

Geschmack
WÜRZIG
GRÜN
ÄTHERISCH
BLUMIG
FRUCHTIG
MINERALISCH
SÜSS
HOLZIG

Geruch
PARFUMIERT
SCHARF
PFLANZLICH
ERDIG
WÜRZIG
SÜSS
FRUCHTIG
HOLZIG

WEINGUT

WEIN

JAHR   ALKOHOL   %

HERKUNFT

REBSORTE

PREIS

DATUM

BLASS

GOLD

ROSÉ

BLÄULICH

BRAUN

Farbe

KÖRPER

TANNINE

SÄURE

SÜSSE

Geschmack

Rating

/ 20

ASSOZIATIONEN

ABGANG

NOTIZEN

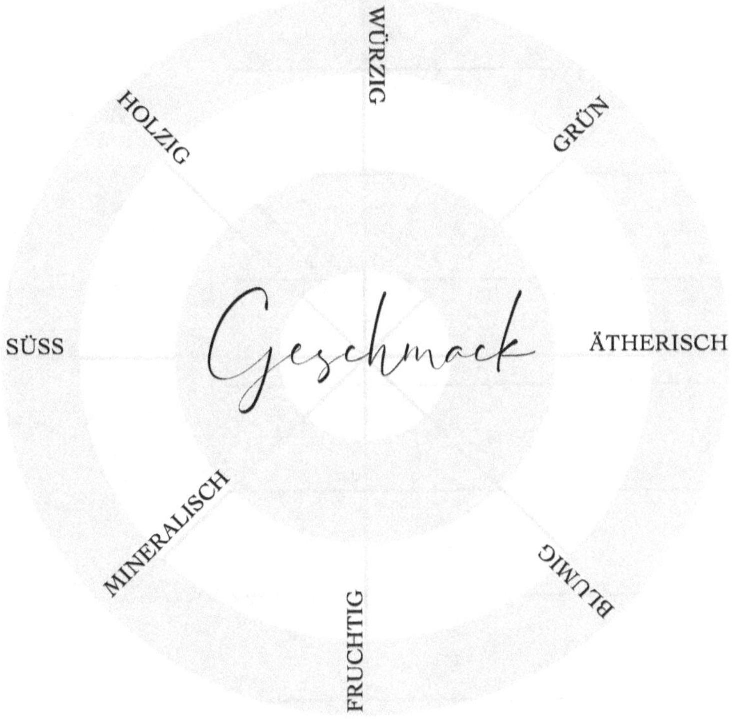

Geschmack

WÜRZIG
GRÜN
HOLZIG
ÄTHERISCH
SÜSS
MINERALISCH
BLUMIG
FRUCHTIG

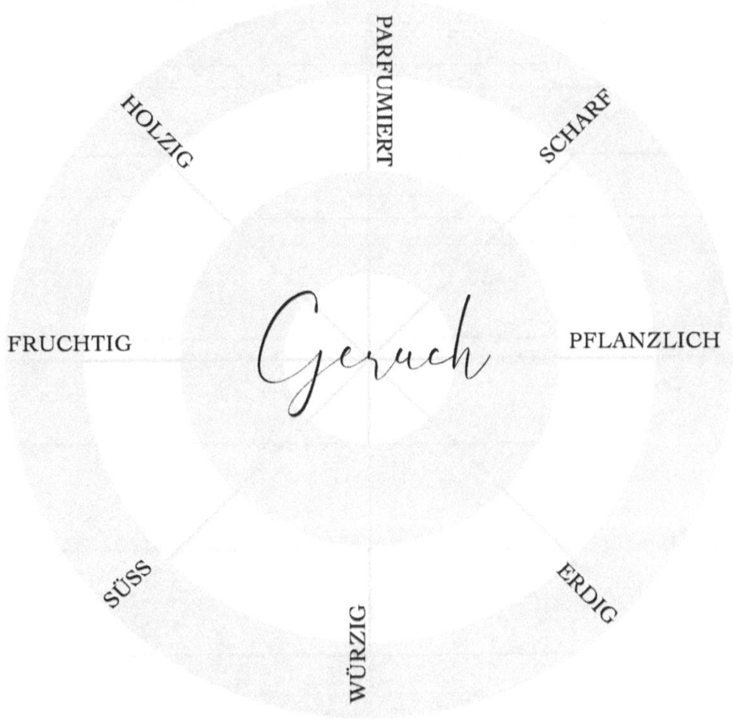

Geruch

PARFÜMIERT
SCHARF
HOLZIG
PFLANZLICH
FRUCHTIG
SÜSS
WÜRZIG
ERDIG

WEINGUT

WEIN

%

JAHR   ALKOHOL

HERKUNFT

REBSORTE

PREIS

DATUM

BLASS

GOLD

ROSÉ

BLÄULICH

BRAUN

Farbe

KÖRPER

TANNINE

SÄURE

SÜSSE

Geschmack

Rating

/ 20

ASSOZIATIONEN

ABGANG

NOTIZEN

Geschmack

Geruch

WEINGUT

WEIN

%

JAHR   ALKOHOL

HERKUNFT

REBSORTE

PREIS

DATUM

BLASS

GOLD

ROSÉ

BLÄULICH

BRAUN

KÖRPER

TANNINE

SÄURE

SÜSSE

/ 20

ASSOZIATIONEN

ABGANG

NOTIZEN

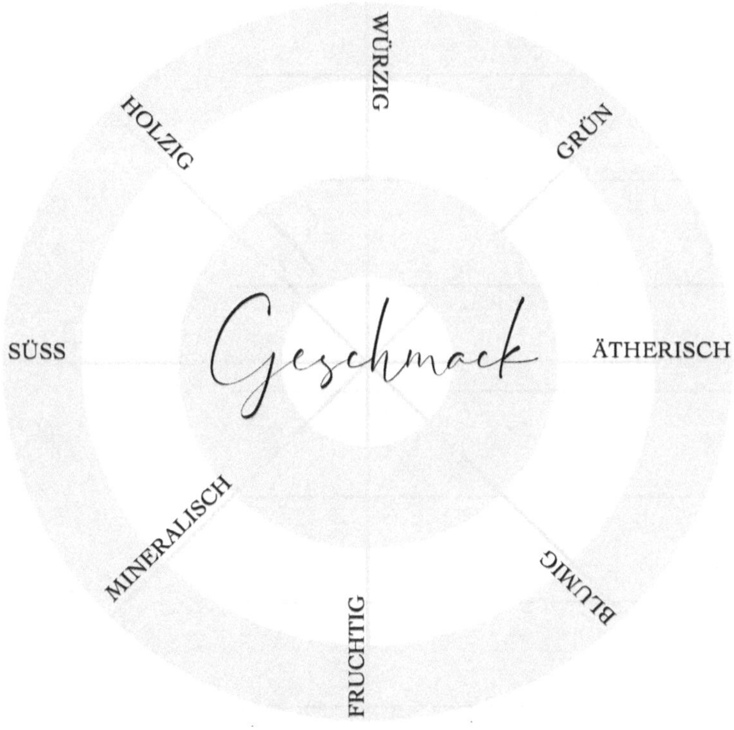

WÜRZIG
GRÜN
HOLZIG
SÜSS
Geschmack
ÄTHERISCH
MINERALISCH
BLUMIG
FRUCHTIG

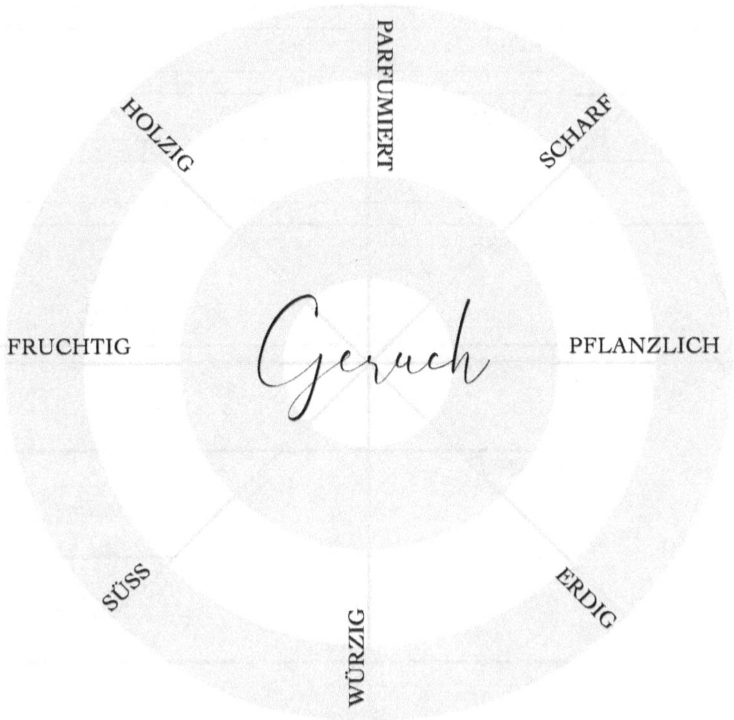

PARFUMIERT
HOLZIG
SCHARF
FRUCHTIG
Geruch
PFLANZLICH
SÜSS
WÜRZIG
ERDIG

WEINGUT

WEIN

JAHR   ALKOHOL   %

HERKUNFT

REBSORTE

PREIS

DATUM

BLASS

GOLD

ROSÉ

BLÄULICH

BRAUN

KÖRPER

TANNINE

SÄURE

SÜSSE

Rating

/ 20

ASSOZIATIONEN

ABGANG

NOTIZEN

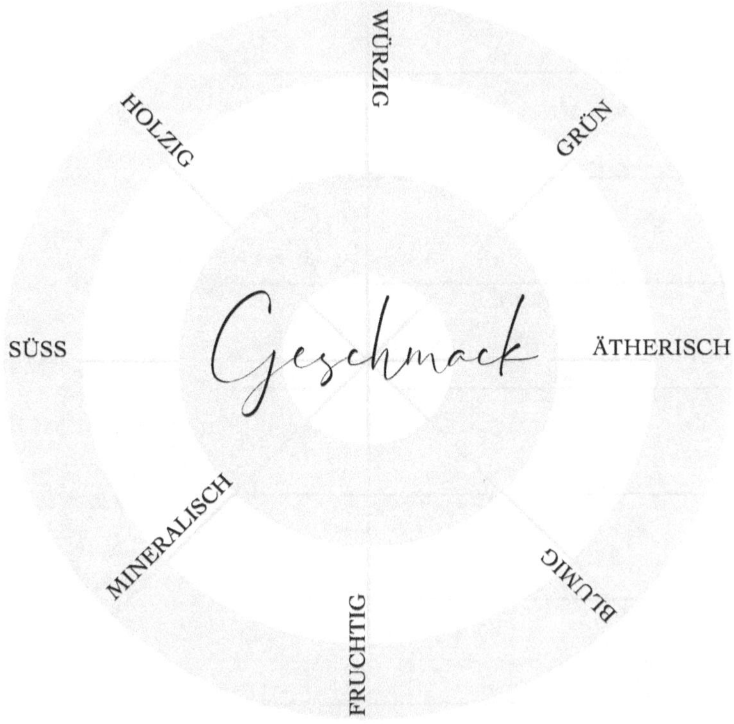

Geschmack
WÜRZIG
GRÜN
ÄTHERISCH
BLUMIG
FRUCHTIG
MINERALISCH
SÜSS
HOLZIG

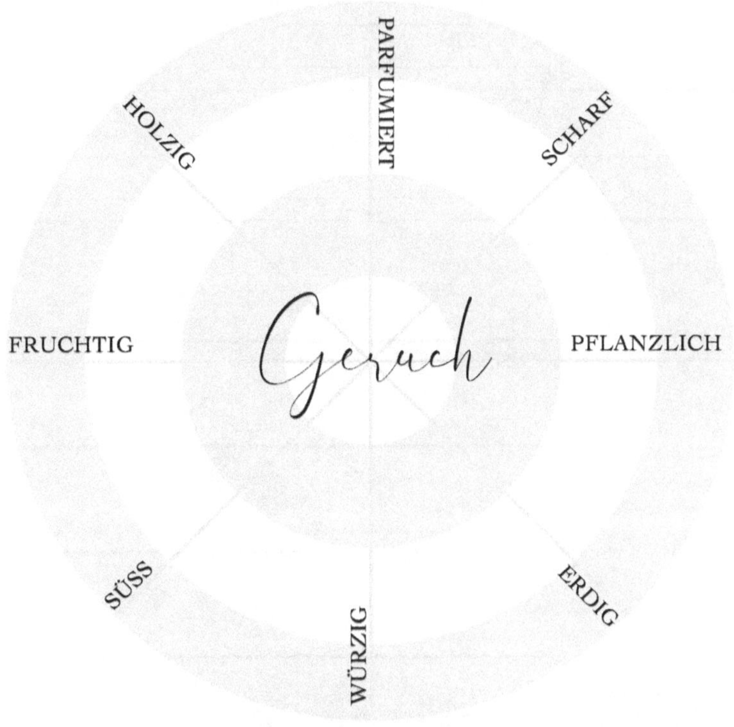

Geruch
PARFÜMIERT
SCHARF
PFLANZLICH
ERDIG
WÜRZIG
SÜSS
FRUCHTIG
HOLZIG

WEINGUT

WEIN

JAHR   ALKOHOL   %

HERKUNFT

REBSORTE

PREIS

DATUM

BLASS

GOLD

ROSÉ

BLÄULICH

BRAUN

KÖRPER

TANNINE

SÄURE

SÜSSE

/ 20

ASSOZIATIONEN

ABGANG

NOTIZEN

70

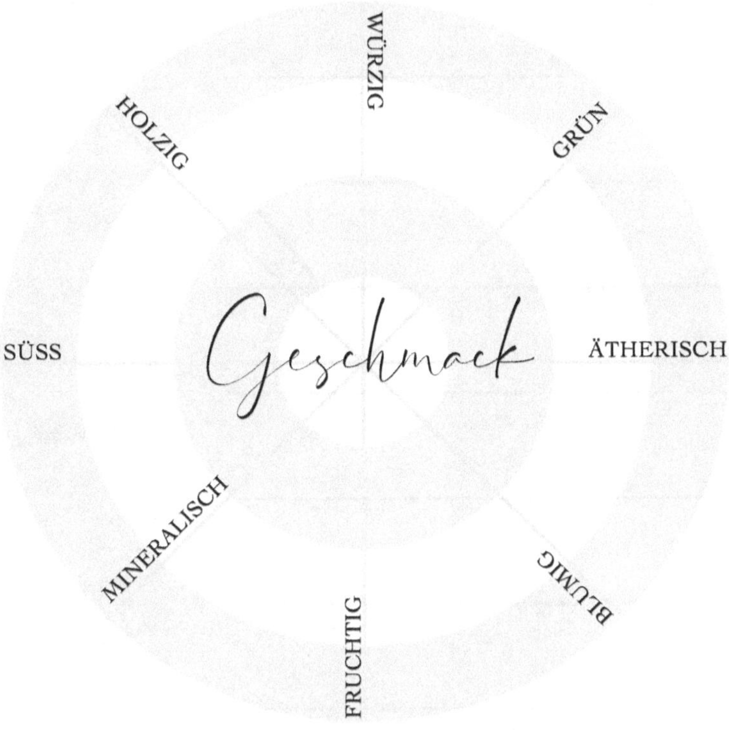

Geschmack

HOLZIG

WÜRZIG

GRÜN

SÜSS

ÄTHERISCH

MINERALISCH

BLUMIG

FRUCHTIG

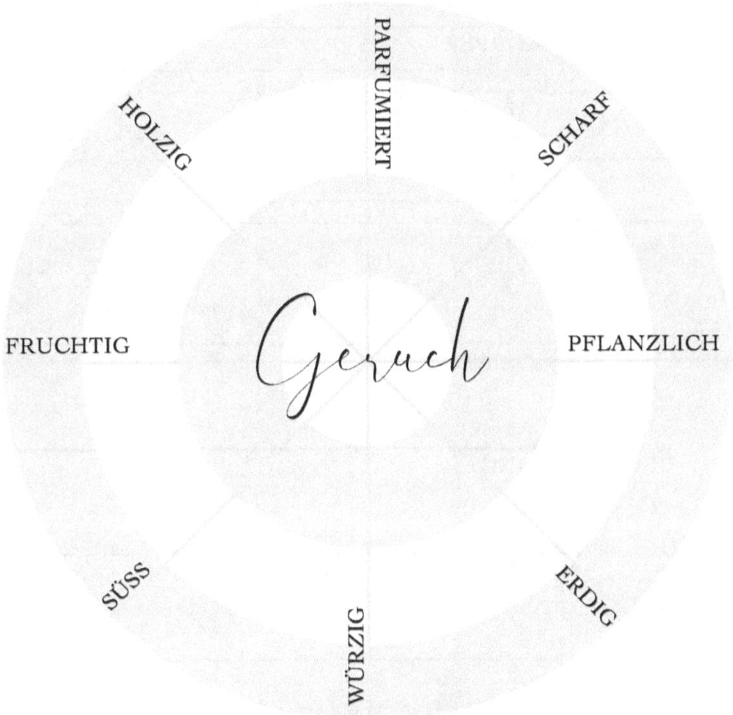

Geruch

HOLZIG

PARFÜMIERT

SCHARF

FRUCHTIG

PFLANZLICH

SÜSS

WÜRZIG

ERDIG

WEINGUT

WEIN

JAHR   ALKOHOL   %

HERKUNFT

REBSORTE

PREIS

DATUM

BLASS

GOLD

ROSÉ

BLÄULICH

BRAUN

KÖRPER			

TANNINE			

SÄURE			

SÜSSE			

/ 20

ASSOZIATIONEN

ABGANG

NOTIZEN

Geschmack
WÜRZIG
GRÜN
ÄTHERISCH
BLUMIG
FRUCHTIG
MINERALISCH
SÜSS
HOLZIG

Geruch
PARFÜMIERT
SCHARF
PFLANZLICH
ERDIG
WÜRZIG
SÜSS
FRUCHTIG
HOLZIG

WEINGUT

WEIN

JAHR   ALKOHOL   %

HERKUNFT

REBSORTE

PREIS

DATUM

BLASS

GOLD

ROSÉ

BLÄULICH

BRAUN

KÖRPER

TANNINE

SÄURE

SÜSSE

Rating

/ 20

ASSOZIATIONEN

ABGANG

NOTIZEN

74

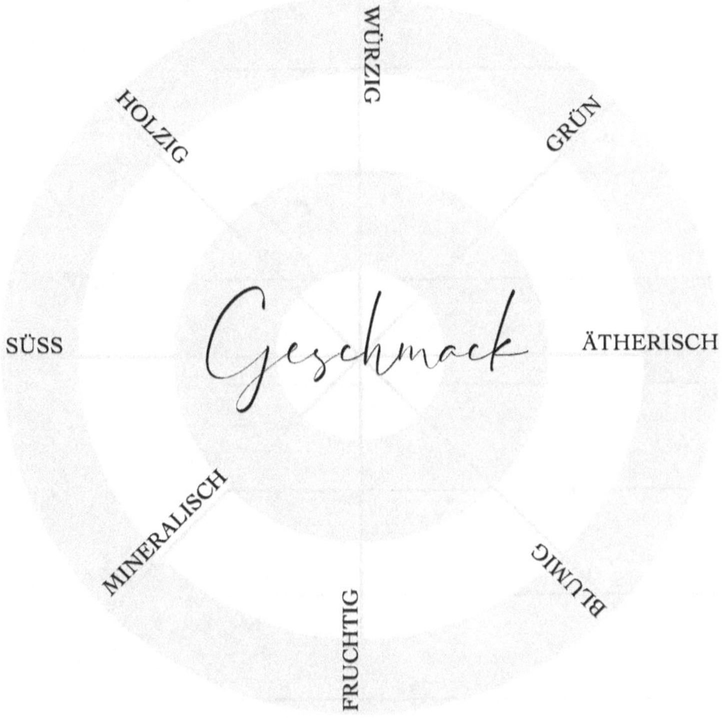

Geschmack
WÜRZIG
GRÜN
ÄTHERISCH
BLUMIG
FRUCHTIG
MINERALISCH
SÜSS
HOLZIG

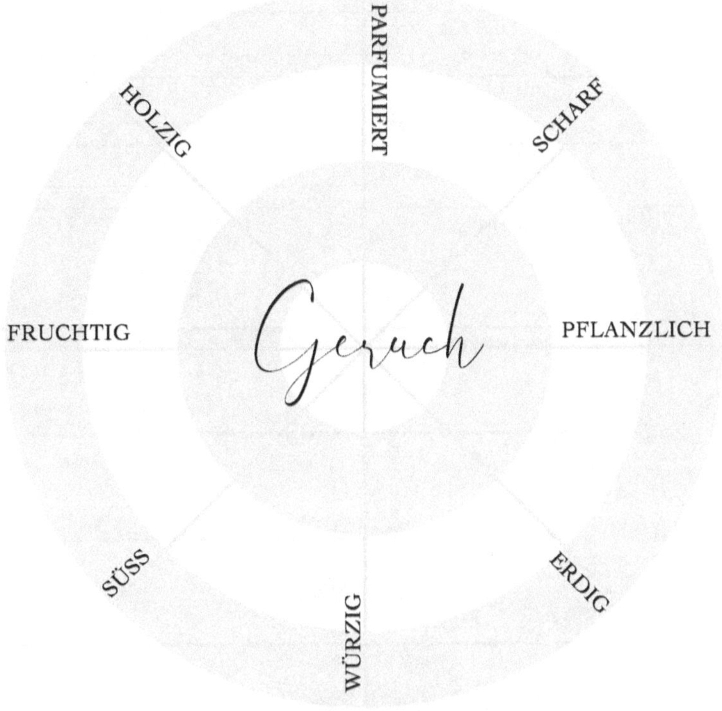

Geruch
PARFUMIERT
SCHARF
PFLANZLICH
ERDIG
WÜRZIG
SÜSS
FRUCHTIG
HOLZIG

WEINGUT

WEIN

%

JAHR   ALKOHOL

HERKUNFT

REBSORTE

PREIS

DATUM

BLASS

GOLD

ROSÉ

BLÄULICH

BRAUN

KÖRPER

TANNINE

SÄURE

SÜSSE

/ 20

ASSOZIATIONEN

ABGANG

NOTIZEN

WÜRZIG
HOLZIG
GRÜN
SÜSS
ÄTHERISCH
Geschmack
MINERALISCH
BLUMIG
FRUCHTIG

PARFÜMIERT
HOLZIG
SCHARF
FRUCHTIG
PFLANZLICH
Geruch
SÜSS
WÜRZIG
ERDIG

WEINGUT

WEIN

JAHR   ALKOHOL   %

HERKUNFT

REBSORTE

PREIS

DATUM

BLASS

GOLD

ROSÉ

BLÄULICH

BRAUN

KÖRPER

TANNINE

SÄURE

SÜSSE

Rating

/ 20

ASSOZIATIONEN

ABGANG

NOTIZEN

78

WÜRZIG
GRÜN
HOLZIG
ÄTHERISCH
SÜSS
Geschmack
MINERALISCH
BLUMIG
FRUCHTIG

PARFÜMIERT
SCHARF
HOLZIG
FRUCHTIG
PFLANZLICH
Geruch
SÜSS
ERDIG
WÜRZIG

WEINGUT

WEIN

%

JAHR   ALKOHOL

HERKUNFT

REBSORTE

PREIS

DATUM

BLASS

GOLD

ROSÉ

BLÄULICH

BRAUN

Farbe

KÖRPER

TANNINE

SÄURE

SÜSSE

Geschmack

Rating

/ 20

ASSOZIATIONEN

ABGANG

NOTIZEN

Geschmack

WÜRZIG

GRÜN

ÄTHERISCH

BLUMIG

FRUCHTIG

MINERALISCH

SÜSS

HOLZIG

Geruch

PARFUMIERT

SCHARF

PFLANZLICH

ERDIG

WÜRZIG

SÜSS

FRUCHTIG

HOLZIG

WEINGUT

WEIN

JAHR   ALKOHOL   %

HERKUNFT

REBSORTE

PREIS

DATUM

KÖRPER

TANNINE

SÄURE

SÜSSE

/ 20

ASSOZIATIONEN

ABGANG

NOTIZEN

82

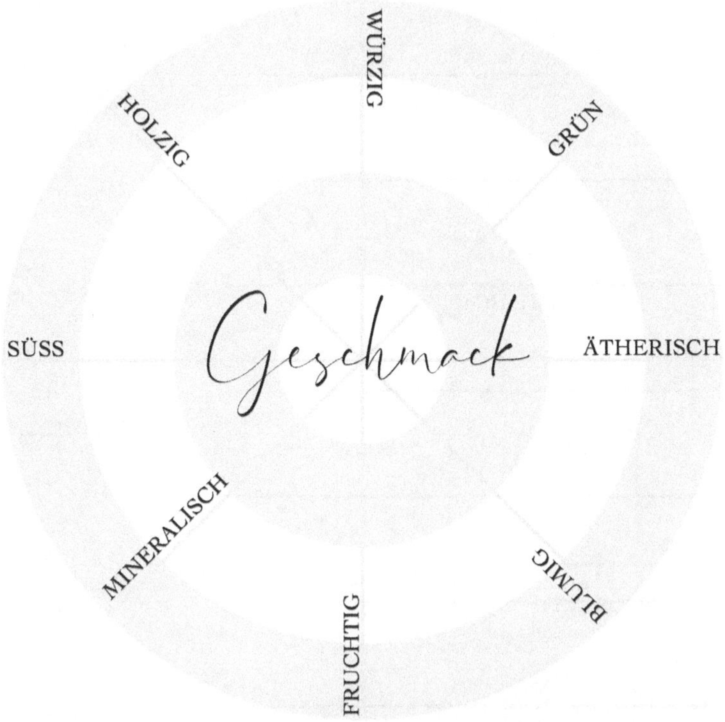

Geschmack
WÜRZIG
GRÜN
HOLZIG
ÄTHERISCH
SÜSS
BLUMIG
MINERALISCH
FRUCHTIG

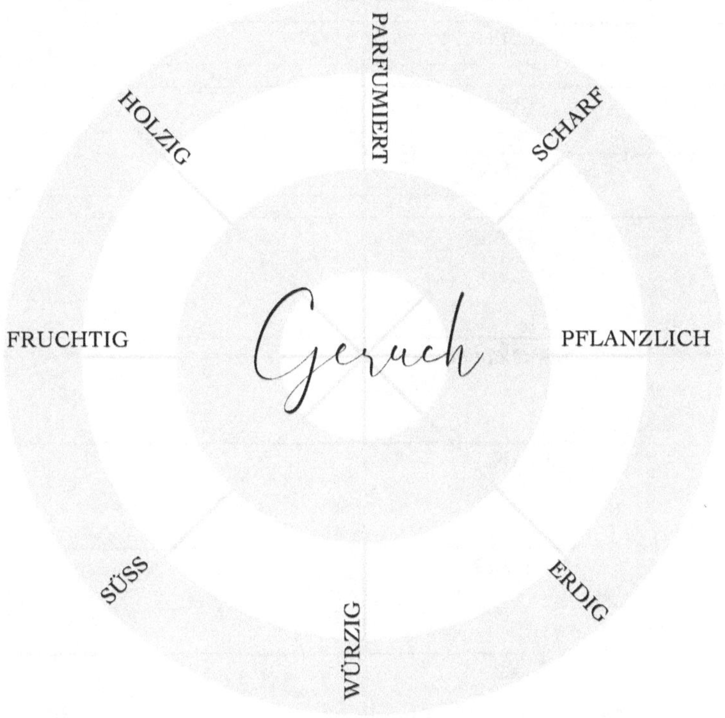

Geruch
PARFUMIERT
SCHARF
HOLZIG
PFLANZLICH
FRUCHTIG
ERDIG
SÜSS
WÜRZIG

WEINGUT

WEIN

JAHR   ALKOHOL   %

HERKUNFT

REBSORTE

PREIS

DATUM

BLASS

GOLD

ROSÉ

BLÄULICH

BRAUN

KÖRPER

TANNINE

SÄURE

SÜSSE

/ 20

ASSOZIATIONEN

ABGANG

NOTIZEN

Geschmack
WÜRZIG
HOLZIG
GRÜN
SÜSS
ÄTHERISCH
MINERALISCH
BLUMIG
FRUCHTIG

Geruch
PARFÜMIERT
HOLZIG
SCHARF
FRUCHTIG
PFLANZLICH
SÜSS
ERDIG
WÜRZIG

WEINGUT

WEIN

JAHR   ALKOHOL   %

HERKUNFT

REBSORTE

PREIS

DATUM

BLASS

GOLD

ROSÉ

BLÄULICH

BRAUN

Farbe

KÖRPER

TANNINE

SÄURE

SÜSSE

Geschmack

Rating

/ 20

ASSOZIATIONEN

ABGANG

NOTIZEN

Geschmack

WÜRZIG · GRÜN · ÄTHERISCH · BLUMIG · FRUCHTIG · MINERALISCH · SÜSS · HOLZIG

Geruch

PARFÜMIERT · SCHARF · PFLANZLICH · ERDIG · WÜRZIG · SÜSS · FRUCHTIG · HOLZIG

WEINGUT

WEIN

JAHR   ALKOHOL   %

HERKUNFT

REBSORTE

PREIS

DATUM

KÖRPER

TANNINE

SÄURE

SÜSSE

Rating

/ 20

ASSOZIATIONEN

ABGANG

NOTIZEN

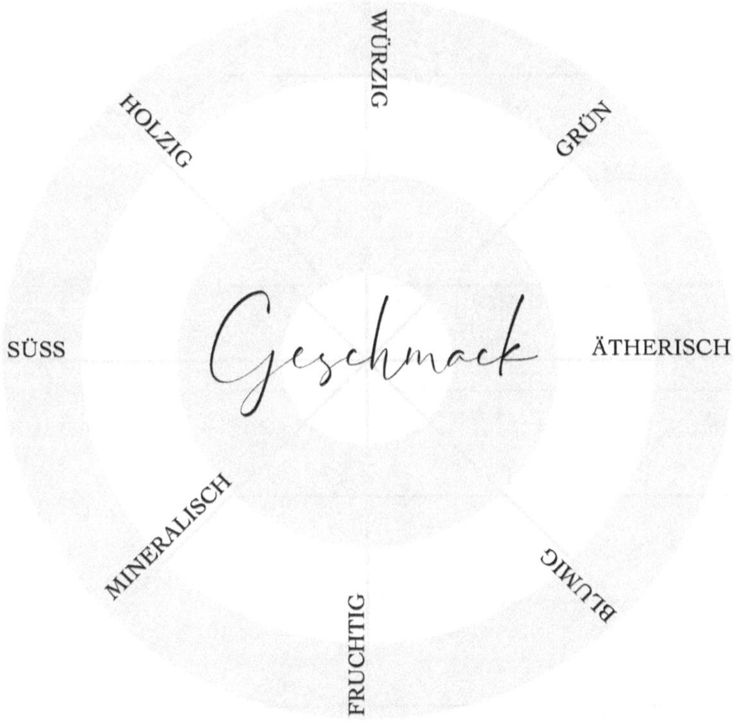

Geschmack
WÜRZIG
GRÜN
HOLZIG
SÜSS
ÄTHERISCH
MINERALISCH
BLUMIG
FRUCHTIG

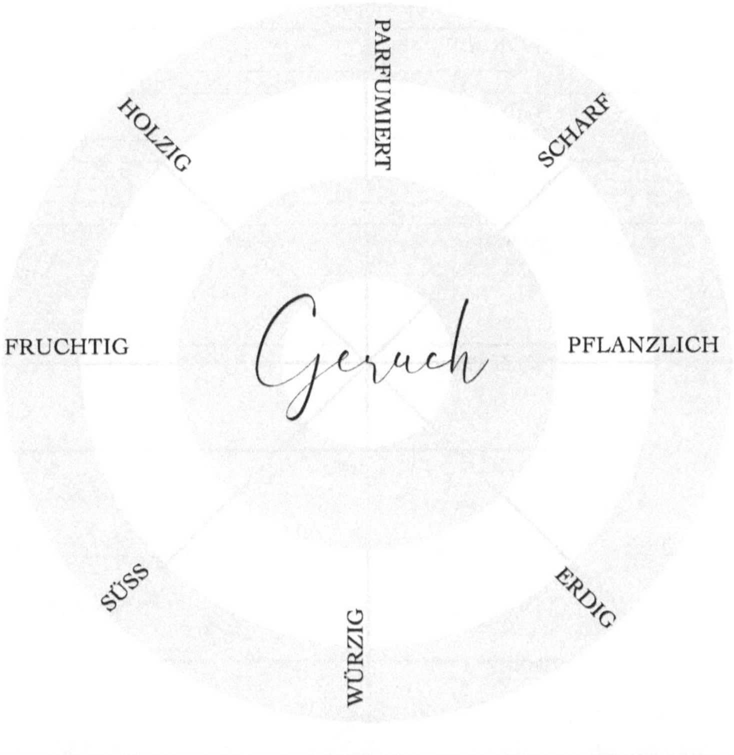

Geruch
PARFÜMIERT
SCHARF
HOLZIG
FRUCHTIG
PFLANZLICH
SÜSS
ERDIG
WÜRZIG

WEINGUT

WEIN

%

JAHR   ALKOHOL

HERKUNFT

REBSORTE

PREIS

DATUM

BLASS

GOLD

ROSÉ

BLÄULICH

BRAUN

Farbe

KÖRPER

TANNINE

SÄURE

SÜSSE

Geschmack

Rating

/ 20

ASSOZIATIONEN

ABGANG

NOTIZEN

90

Geschmack

Geruch

WEINGUT

WEIN

JAHR   ALKOHOL   %

HERKUNFT

REBSORTE

PREIS

DATUM

KÖRPER

TANNINE

SÄURE

SÜSSE

Rating

/ 20

ASSOZIATIONEN

ABGANG

NOTIZEN

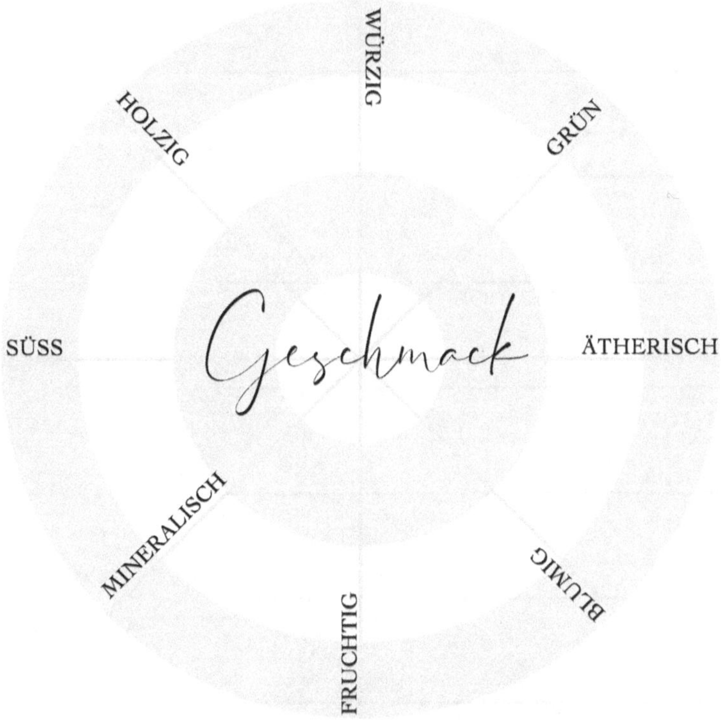

Geschmack

WÜRZIG

HOLZIG

GRÜN

SÜSS

ÄTHERISCH

MINERALISCH

BLUMIG

FRUCHTIG

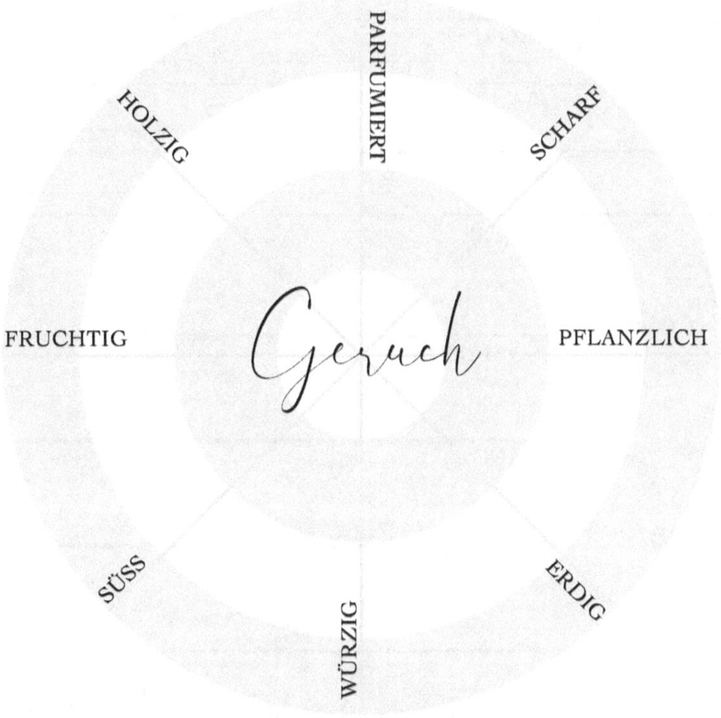

Geruch

PARFÜMIERT

HOLZIG

SCHARF

FRUCHTIG

PFLANZLICH

SÜSS

ERDIG

WÜRZIG

WEINGUT

WEIN

%

JAHR   ALKOHOL

HERKUNFT

REBSORTE

PREIS

DATUM

BLASS

GOLD

ROSÉ

BLÄULICH

BRAUN

KÖRPER

TANNINE

SÄURE

SÜSSE

Rating

/ 20

ASSOZIATIONEN

ABGANG

NOTIZEN

Geschmack

WÜRZIG
GRÜN
ÄTHERISCH
BLUMIG
FRUCHTIG
MINERALISCH
SÜSS
HOLZIG

Geruch

PARFÜMIERT
SCHARF
PFLANZLICH
ERDIG
WÜRZIG
SÜSS
FRUCHTIG
HOLZIG

WEINGUT

WEIN

JAHR   ALKOHOL   %

HERKUNFT

REBSORTE

PREIS

DATUM

BLASS

GOLD

ROSÉ

BLÄULICH

BRAUN

Farbe

KÖRPER

TANNINE

SÄURE

SÜSSE

Geschmack

Rating

/ 20

ASSOZIATIONEN

ABGANG

NOTIZEN

Geschmack
WÜRZIG
GRÜN
ÄTHERISCH
BLUMIG
FRUCHTIG
MINERALISCH
SÜSS
HOLZIG

Geruch
PARFÜMIERT
SCHARF
PFLANZLICH
ERDIG
WÜRZIG
SÜSS
FRUCHTIG
HOLZIG

WEINGUT

WEIN

%

JAHR   ALKOHOL

HERKUNFT

REBSORTE

PREIS

DATUM

BLASS

GOLD

ROSÉ

BLÄULICH

BRAUN

Farbe

KÖRPER

TANNINE

SÄURE

SÜSSE

Geschmack

Rating

/ 20

ASSOZIATIONEN

ABGANG

NOTIZEN

98

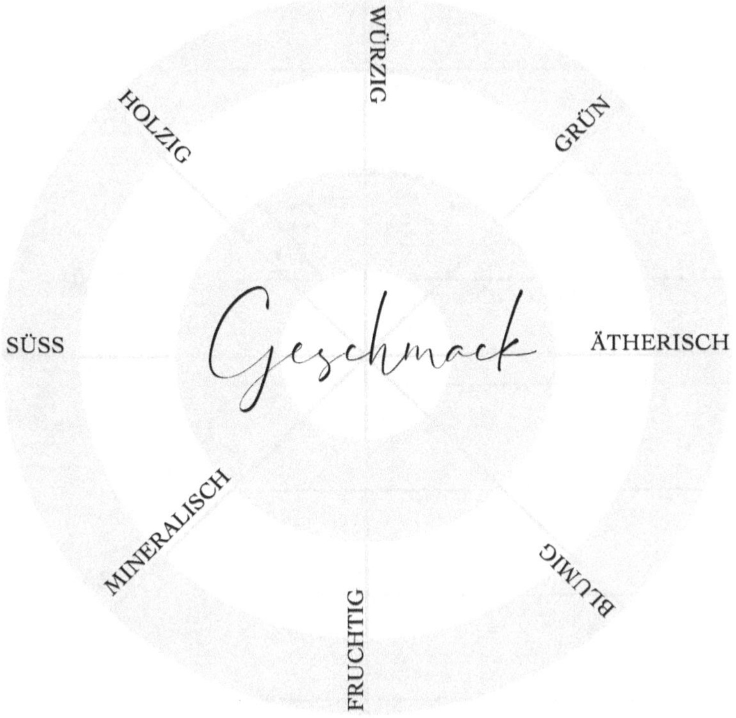

Geschmack

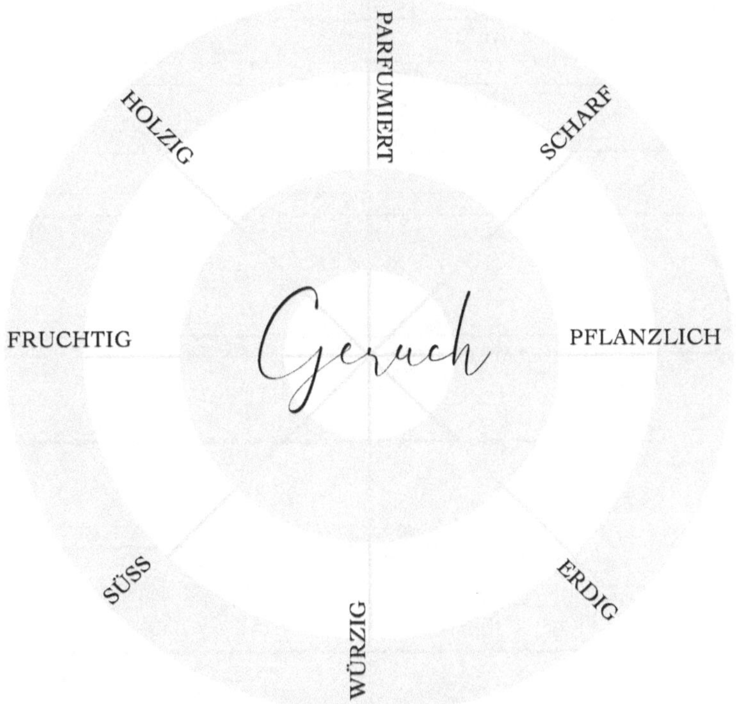

Geruch

WEINGUT

WEIN

%

JAHR   ALKOHOL

HERKUNFT

REBSORTE

PREIS

DATUM

BLASS

GOLD

ROSÉ

BLÄULICH

BRAUN

KÖRPER

TANNINE

SÄURE

SÜSSE

Rating

/ 20

ASSOZIATIONEN

ABGANG

NOTIZEN

100

Geschmack

WÜRZIG
GRÜN
HOLZIG
SÜSS
ÄTHERISCH
MINERALISCH
BLUMIG
FRUCHTIG

Geruch

PARFÜMIERT
SCHARF
HOLZIG
FRUCHTIG
PFLANZLICH
SÜSS
ERDIG
WÜRZIG

WEINGUT

WEIN

JAHR   ALKOHOL   %

HERKUNFT

REBSORTE

PREIS

DATUM

KÖRPER

TANNINE

SÄURE

SÜSSE

BLASS

GOLD

ROSÉ

BLÄULICH

BRAUN

/ 20

ASSOZIATIONEN

ABGANG

NOTIZEN

Geschmack

WÜRZIG
GRÜN
ÄTHERISCH
BLUMIG
FRUCHTIG
MINERALISCH
SÜSS
HOLZIG

Geruch

PARFÜMIERT
SCHARF
PFLANZLICH
ERDIG
WÜRZIG
SÜSS
FRUCHTIG
HOLZIG

WEINGUT

WEIN

%

JAHR   ALKOHOL

HERKUNFT

REBSORTE

PREIS

DATUM

BLASS

GOLD

ROSÉ

BLÄULICH

BRAUN

KÖRPER

TANNINE

SÄURE

SÜSSE

/ 20

ASSOZIATIONEN

ABGANG

NOTIZEN

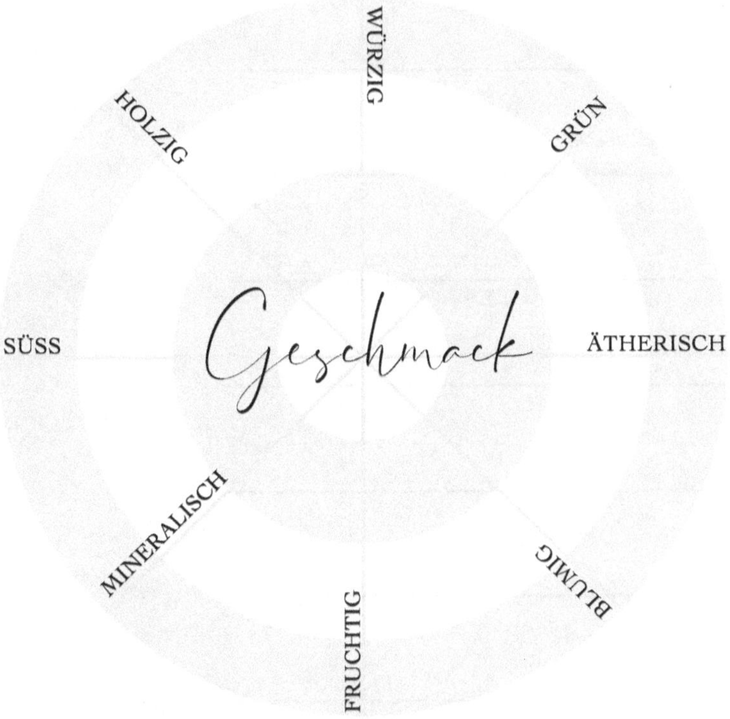

Geschmack
WÜRZIG
GRÜN
HOLZIG
ÄTHERISCH
SÜSS
BLUMIG
MINERALISCH
FRUCHTIG

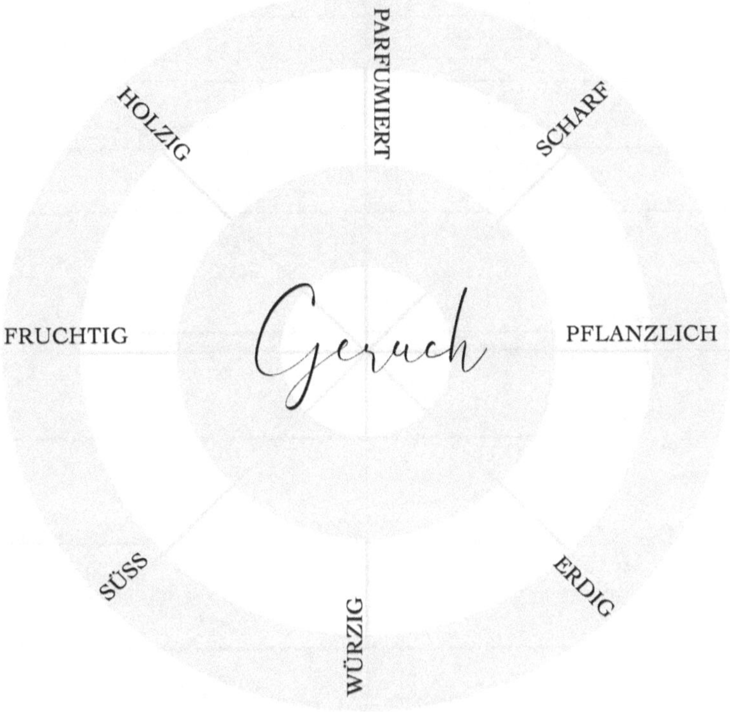

Geruch
PARFUMIERT
SCHARF
HOLZIG
PFLANZLICH
FRUCHTIG
ERDIG
SÜSS
WÜRZIG

WEINGUT

WEIN

JAHR   ALKOHOL   %

HERKUNFT

REBSORTE

PREIS

DATUM

BLASS

GOLD

ROSÉ

BLÄULICH

BRAUN

KÖRPER

TANNINE

SÄURE

SÜSSE

Rating

/ 20

ASSOZIATIONEN

ABGANG

NOTIZEN

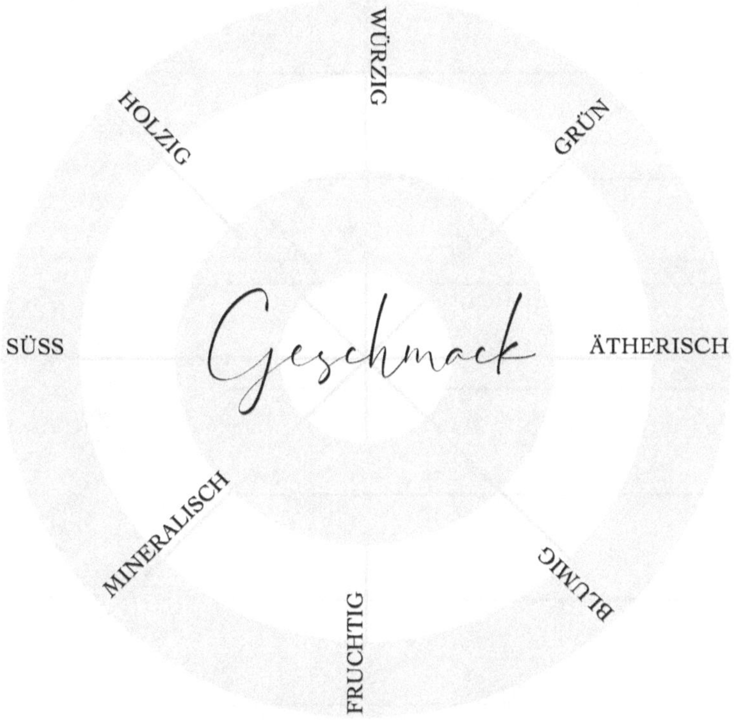

Geschmack
WÜRZIG
HOLZIG
GRÜN
SÜSS
ÄTHERISCH
MINERALISCH
BLUMIG
FRUCHTIG

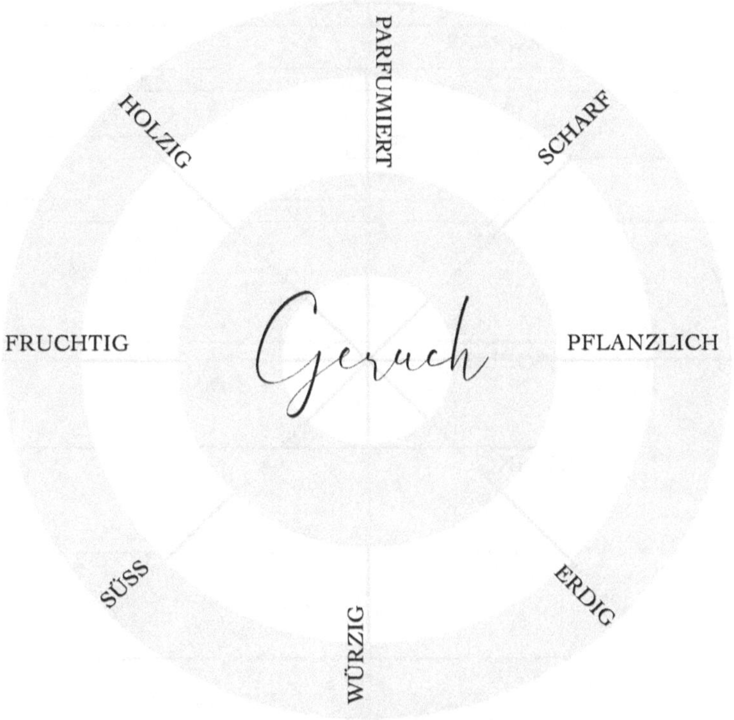

Geruch
PARFÜMIERT
HOLZIG
SCHARF
FRUCHTIG
PFLANZLICH
SÜSS
WÜRZIG
ERDIG

WEINGUT

WEIN

JAHR   ALKOHOL   %

HERKUNFT

REBSORTE

PREIS

DATUM

BLASS

GOLD

ROSÉ

BLÄULICH

BRAUN

Farbe

KÖRPER

TANNINE

SÄURE

SÜSSE

Geschmack

Rating

/ 20

ASSOZIATIONEN

ABGANG

NOTIZEN

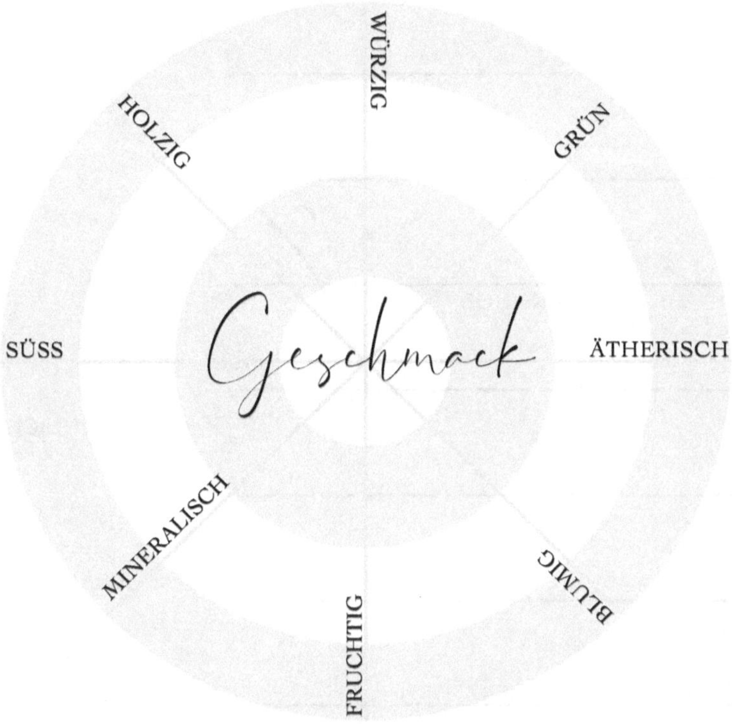

Geschmack
WÜRZIG
GRÜN
ÄTHERISCH
BLUMIG
FRUCHTIG
MINERALISCH
SÜSS
HOLZIG

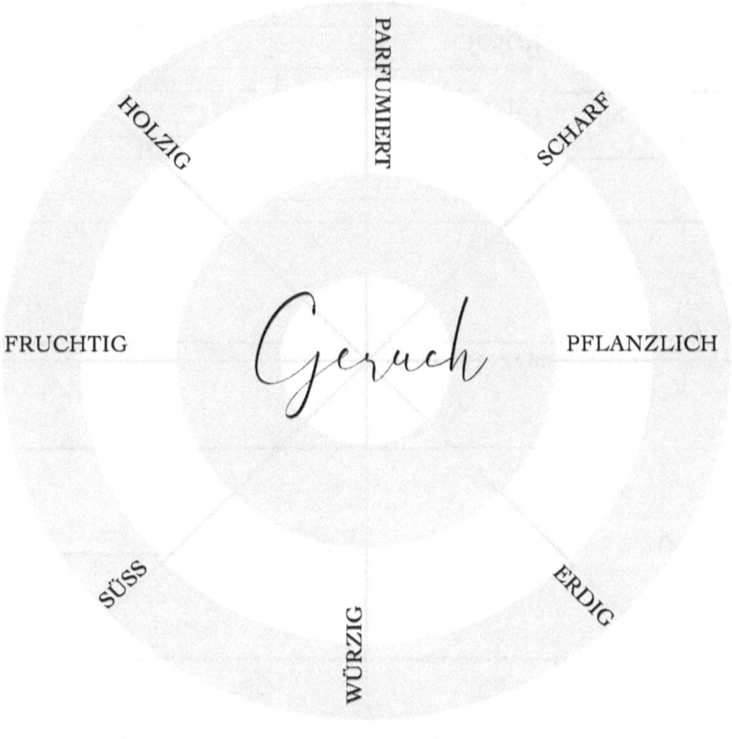

Geruch
PARFÜMIERT
SCHARF
PFLANZLICH
ERDIG
WÜRZIG
SÜSS
FRUCHTIG
HOLZIG

WEINGUT

WEIN

%

JAHR   ALKOHOL

HERKUNFT

REBSORTE

PREIS

DATUM

BLASS

GOLD

ROSÉ

BLÄULICH

BRAUN

KÖRPER

TANNINE

SÄURE

SÜSSE

Rating

/ 20

ASSOZIATIONEN

ABGANG

NOTIZEN

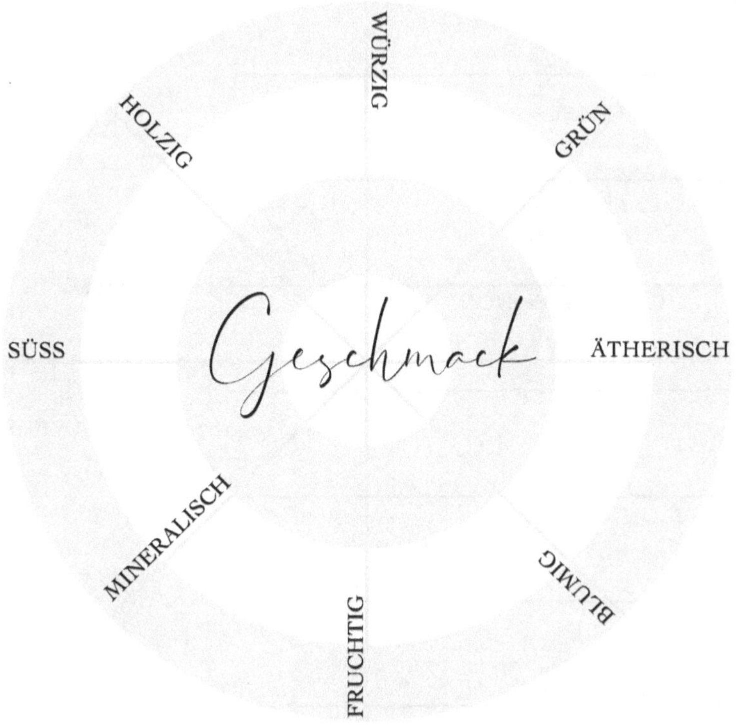

Geschmack
WÜRZIG
GRÜN
ÄTHERISCH
BLUMIG
FRUCHTIG
MINERALISCH
SÜSS
HOLZIG

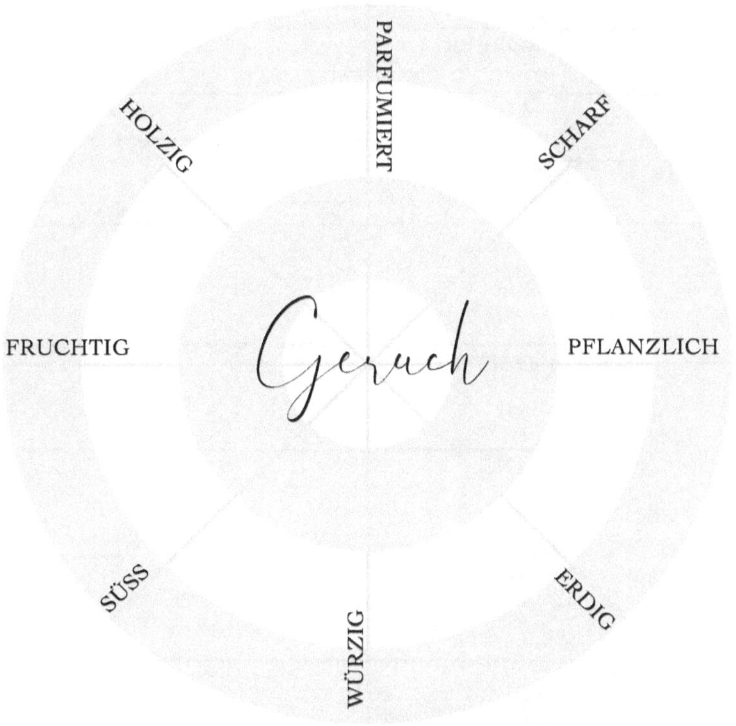

Geruch
PARFÜMIERT
SCHARF
PFLANZLICH
ERDIG
WÜRZIG
SÜSS
FRUCHTIG
HOLZIG

WEINGUT

WEIN

JAHR   ALKOHOL   %

HERKUNFT

REBSORTE

PREIS

DATUM

BLASS

GOLD

ROSÉ

BLÄULICH

BRAUN

Farbe

KÖRPER

TANNINE

SÄURE

SÜSSE

Geschmack

Rating

/ 20

ASSOZIATIONEN

ABGANG

NOTIZEN

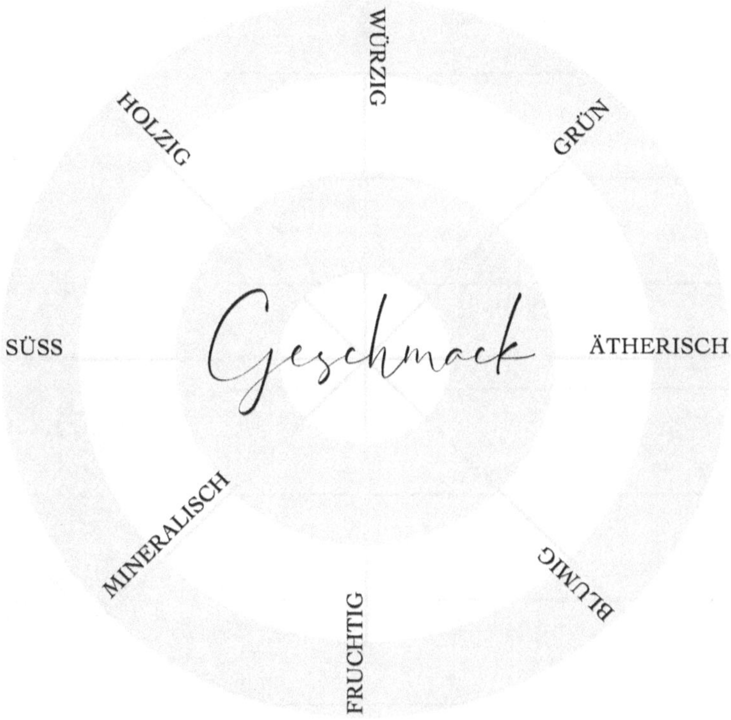

Geschmack
WÜRZIG
GRÜN
ÄTHERISCH
BLUMIG
FRUCHTIG
MINERALISCH
SÜSS
HOLZIG

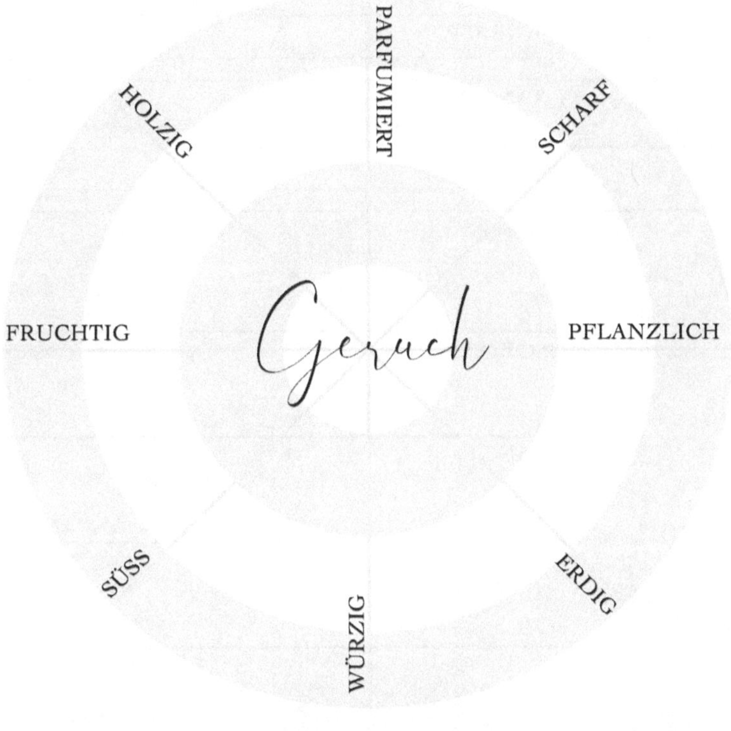

Geruch
PARFÜMIERT
SCHARF
PFLANZLICH
ERDIG
WÜRZIG
SÜSS
FRUCHTIG
HOLZIG

WEINGUT

WEIN

JAHR   ALKOHOL   %

HERKUNFT

REBSORTE

PREIS

DATUM

BLASS

GOLD

ROSÉ

BLÄULICH

BRAUN

KÖRPER

TANNINE

SÄURE

SÜSSE

/ 20

ASSOZIATIONEN

ABGANG

NOTIZEN

Geschmack

Geruch

WEINGUT

WEIN

%

JAHR   ALKOHOL

HERKUNFT

REBSORTE

PREIS

DATUM

BLASS

GOLD

ROSÉ

BLÄULICH

BRAUN

Farbe

KÖRPER

TANNINE

SÄURE

SÜSSE

Geschmack

Rating

/ 20

ASSOZIATIONEN

ABGANG

NOTIZEN

Geschmack

Geruch

WEINGUT

WEIN

%

JAHR   ALKOHOL

HERKUNFT

REBSORTE

PREIS

DATUM

BLASS

GOLD

ROSÉ

BLÄULICH

BRAUN

KÖRPER

TANNINE

SÄURE

SÜSSE

/ 20

ASSOZIATIONEN

ABGANG

NOTIZEN

HOLZIG WÜRZIG GRÜN

SÜSS Geschmack ÄTHERISCH

MINERALISCH BLUMIG

FRUCHTIG

HOLZIG PARFÜMIERT SCHARF

FRUCHTIG Geruch PFLANZLICH

SÜSS WÜRZIG ERDIG